中华传统美德百字经

省·善于自省

于永玉　周璐璐◎编

一段历史之所以流传千古，是由于它蕴涵着不朽的精神；一段佳话之所以人所共知，是因为它充满了人性的光辉。感悟中华传统美德，获得智慧的启迪和温暖心灵的感动；品味中华美德故事，点燃心灵之光，照亮人生之路。

天津人民出版社

图书在版编目（CIP）数据

省：善于自省 / 于永玉，周璐璐编. —天津：天津

人民出版社，2012.3

（巅峰阅读文库. 中华传统美德百字经）

ISBN 978-7-201-07496-2

Ⅰ. ①省… Ⅱ. ①于… ②周… Ⅲ. ①品德教育—中

国—通俗读物 Ⅳ. ① D648-49

中国版本图书馆 CIP 数据核字 (2012) 第 058333 号

天津人民出版社出版

出版人：刘晓津

（天津市西康路 35 号 邮政编码：300051）

邮购部电话：（022）23332469

网址：http://www.tjrmcbs.com.cn

电子信箱：tjrmcbs@126.com

永清县晔盛亚胶印有限责任公司印刷 新华书店经销

2012 年 3 月第 1 版 2012 年 3 月第 1 次印刷

690×960 毫米 16 开本 10 印张 字数：100 千字

定价：19.80 元

前　言

　　中国是一个具有悠久历史和灿烂文化的文明古国，也是举世闻名的礼仪之邦。在历史的长河中，中华民族创造出了绚丽多彩的物质文化和精神文化，为人类的发展和进步做出了重要贡献。其中，中华民族的传统美德被大家代代传承。

　　那么，什么是传统美德？什么是中华民族的传统美德呢？通常来说，传统美德就是在自觉或习俗的道德规范中，一些被大多数人所接受并实际奉行的，而且在现代仍有着积极影响的那些美德。具体到中华民族传统美德，概括起来就是指中华民族优秀的民族品质、优良的民族精神、崇高的民族气节、高尚的民族情感以及良好的民族礼仪等，是中华民族在历史实践过程中积累而成的稳定的社会优秀道德因素，体现在人们生活的方方面面，涉及政治、经济、文化、意识等领域，并通过社会心理结构及其他物化媒介得以代代相传。

　　经过长期的历史沉淀，中华传统美德已融入到中华民族的思想意识和行为规范中，成为社会道德文化的遗传基因，成为整个中华民族文化的精神内涵，也是中华五千年文明史的精髓所在。继承和弘扬中华民族传统美德，可以振奋民族精神，增强民族自尊心、自信心、自豪感和凝聚力，使社会主义道德规范具有更丰富的内涵，让社会主义、集体主义、爱国主义思想等更加深入人心，成为社会主义文化的主旋律。同时，还可以更好地协调人际关系，促进社会主义市场经济的健康发展，形成有中国特色的、适应社会发展的价值观和伦理道德规范。

国民的思想道德状况，尤其是青少年的思想道德状况，直接关系着一个国家、一个民族的整体素质，关系着国家前途和民族命运。目前，我国已进入改革发展的新时期新阶段，德育教育的价值和意义更是日渐凸显。大力弘扬中华传统美德，建设社会主义核心价值体系，促进社会主义文化的发展和繁荣，是建设全面小康社会的主要任务，更是实现中华民族伟大复兴的必然要求。因此，党中央非常注重我国公民道德建设，全社会也已形成了加强和改进思想道德建设的新风尚。

青少年是国家的希望，是民族不断发展和延续的根本，因此，青少年德育教育就显得更加重要。为了增强和提升国民素质，尤其是青少年的道德素质，我们特意精心编写了本套丛书——《中华传统美德百字经》。

本套丛书立足当前公民，尤其是青少年思想道德教育的现实，将中华民族的传统美德归纳为一百个字，即学、问、孝、悌、师、教、言、行、中、庸、仁、义、敦、和、谨、慎、勤、俭、临、济、贞、节、谦、让、宽、容、刚、毅、睦、贤、善、良、通、达、知、理、清、廉、朴、实、志、道、真、立、忠、诚、公、正、友、爱、同、礼、温、信、尊、敬、恭、恕、责、仪、精、专、博、富、明、智、勇、力、安、全、平、顺、敏、思、积、利、健、率、坚、情、养、群、严、慈、创、新、变、革、争、谏、诲、齐、省、克、竞、求、简、洁、强、律。丛书内容丰富、涵盖性强，力图将中华民族传统美德的内涵囊括进去。丛书通过故事、诗文和格言等形式，全面地展示了人类永不磨灭的美德：诚实、孝敬、负责、自律、敬业、勇敢……

省·善于自省

2

这些故事在中华民族几千年的历史长河中，一直被人们用来警醒世人、提升自己，用做道德上对与错的标准；同时通过结合现代社会发展，又使其展现了中华民族在新时代的新精神、新风貌，从而较全面地展示了中华民族的美德。

在本套丛书中，为了帮助读者更好地理解这些源远流长的传统美德，我们还在每一篇故事后面给出了"故事感悟"，旨在令故事更加结合现代社会，结合我们自身的道德发展，以帮助读者获得更加全面的道德认知，并因此引发读者进一步的思考。同时，为丰富读者的知识面，我们还在故事后面设置了"史海撷英"、"文苑拾萃"等板块，让读者在深受美德教育、提升道德品质的同时，汲取更多的历史文化知识。

前 言

这是一套可以打动人心灵的丛书，也是可以丰富我们思想内涵的丛书……《中华传统美德百字经》向我们展示的是一种圣洁的、高尚的生活哲学。无论在任何社会、任何时代，给予人类基本力量的美德从来不曾变化。著名的美国政治家乔治·德里说："使美国强大的不是强权与实力，而是上帝赐予的美德。假如我们丢失了最根本且有用的美德，导弹和美元也不能使我们摆脱被毁灭的命运。"在今天，我们可能比任何时候都更应关心道德问题，尤其是青少年的道德问题，因为今天我们正逐渐面临从未有过的道德危机和挑战。

人生的美德与智慧就像散落的沙子，我们哪怕每天只收集一粒，终有一天能积沙成塔，收获一个光辉灿烂的明天。《中华传统美德百字经》中的美德故事将直指我们的内心，指向人性中善良的一面，唤起我们内心深处的道德感。因此，中华民

族的传统美德也一定会在我们的倡导和发扬之下，世世传承，代代延续！

全套丛书分类编排，内容详尽、文字优美、风格独具，是公民，尤其是青少年思想道德建设的优秀读物。愿这些恒久流传的美文和故事能抚平我们每个人驿动的心，愿这些优秀的美德种子能在青少年身上扎根、发芽、生长……

省·善于自省

古希腊哲学家伊壁鸠鲁有一句名言："认识错误是拯救自己的第一步。"古罗马哲人塞涅卡对它的解读是：一个人要是尚未认识到自己在做错事，他是不会有改正错误的愿望的；在改正错误以前，你得发现和承认自己犯了错误。唯有如此，及时反省，我们才能将自己从过失和失败中拯救出来。我国古代的思想家曾子也说过"吾日三省吾身"。看来，这些先哲们早已将自省当做一种修身正己的行为了，他们所推崇的"自省意识"，千百年来一直作为精神财富施惠于人类。

可是，在这个日渐浮躁的时代，我们面临着这样的尴尬：一方面是物质生活的高度富裕，另一方面却是精神世界的极度贫穷——自省意识的缺失便是明证。每当我们惹了麻烦，做了错事，伤害了他人，我们首先想到的不是主动承认错误而是如何逃避责任；每当我们遇到考试失利、求职碰壁、壮志难酬等困境时，我们最先想到的不是自身努力的不足、实力的欠缺、能力的差距，而是习惯在悲伤、沮丧、忧郁、愤懑的同时，将自身的过失和失利的原因归咎于他人的干预和外在的环境，却缺乏对自身的拷问，缺乏深沉的自省。于是，我们对心灵的防护能力和对神经的调控能力越来越差，陷于困境的我们往往要在痛苦的深渊里艰难地挣扎，却难以及时觅到逃离苦难的出口和冲击成功的出路。

缺乏自省可怕，不正确的自省同样可怕。有些人一旦陷于失败或遭受打击，唯有自怨自艾，强吞下失利的苦果，从此一蹶不振。还有些人又走到了另一个极端，将自省意识等同于严苛的自责，他们对自己求全责备，这只能助长自卑的心理，不仅于事无补，还会加深内心的苦痛。

自省既不等同于自怨自艾，也不是求全责备，它是精神层面上的反省，是对灵魂的追问。自省的前提是承认过失，即知其"失"，同时要知其所以"失"，进而在行动中纠其"失"。自省不是外在的强加，而应该像吃饭睡觉那样成为我们自觉的行为。

一个人如果经常自省，就会不断地改正错误，不断地完善自己，像巴金先生那样，不仅能够自我反省，而且能将自己认为错误的地方公之于众，这样的人是一个勇敢的人，一个无所畏惧的人，一个伟大的人，也必然会成为后世永远铭记的人。

　　一个民族如果经常反省，就能改正错误，不断进步，变得越来越强盛，即使犯了严重的错误，只要能够反省，也能被谅解接纳，最后走向新生，走向强大。

　　我们要增强对心灵的防护能力和对神经的调控能力，处于困境的我们要从痛苦的深渊中走出来，要及时寻找到逃离苦难的出口和冲向成功的出路！

目录

省·善于自省

第一篇

乐于省人

纣为象箸

◎居高常虑缺，持满每忧盈。——梁·简文帝

> 帝辛（生卒年不详），人称纣王，是中国商朝末代君主，帝乙之子，子姓，名受或受德，商谥帝辛。帝辛有雄才，致力于用兵东南；牧野之战中周文王之子周武王在距离朝歌（今河南淇县）七十里外的牧野击败商军，商帝辛登上鹿台，"蒙衣其珠玉，自燔于火而死"，商朝灭亡。《左传》称："纣克东夷而损其身。"

纣王初为商朝国君时，并非像后来那样荒淫无道，大家认为他还是一个明君。有一次，他吩咐工匠用象牙给自己做了一双筷子。朝中大臣没人对此事有异议，唯独箕子对纣王的这一举动深感不安。

有人不解地问箕子："不过是一双象牙筷子而已，有什么好忧虑的呢？"

箕子回答说："贵重象牙做成的筷子，是无法把它和泥土烧成的碗、杯一起使用的，必然要配上名贵的犀牛角或玉石做成的碗、杯；而用上了犀牛角或玉石做成的碗、杯，就不可能再吃普通的豆子饭、豆叶汤了，必然要以牦牛、大象和豹的幼崽为食；而吃上了牦牛、大象和豹的幼崽，又怎么再会穿粗布衣服站在茅草屋底下，必然要穿美丽的华服，铸造雄伟的宫殿才能与之匹配啊！这正是我所担忧的啊！"

果然不出所料，五年之后的纣王过上了极度奢靡的生活。他命人用美酒注满池子，把园子中的树上都挂满了烤肉，还美其名曰"酒池肉林"，整日寻欢作乐，并对敢于进谏的忠臣施以极刑。商朝最终灭亡在他的手上了。

箕子仅通过一双象牙筷子，就可以预见天下的灾祸，这是他能从小事预见到大事的本领啊！

◎故事感悟

纣王因在小事上放纵自己，逐渐一发不可收拾，直至亡国，这说明事情的开端、发展和结局之间是相互联系的。因此，人要学会"防微杜渐"，时刻保持警惕，不断反省自己。

◎史海撷英

《封神演义》

《封神演义》是一部神话小说，俗称《封神榜》，又叫《商周列国全传》、《武王伐纣外史》、《封神传》。

该书以姜子牙辅佐武王伐纣的历史为背景，描写了周朝与殷商的对抗以及阐教、截教正邪两教诸仙斗智斗勇、破阵斩将封神的故事，其中包含了大量民间传说和神话，塑造了姜子牙、哪吒等生动、鲜明的形象，最后以姜子牙封诸神和周武王封诸侯结尾。

关于它的作者，有人说是许仲琳；也有人说是王世贞一夜写成的，这种说法比较不可信；还有人说作者是吴三桂的部下；又一说为明代道教学者陆西星。

该书多处引用道教经典《黄庭经》中的内容，因此，推断此书作者应是道教人士。约成书于隆庆、万历年间。全书共一百回。其原型最早可追溯至南宋的《武王伐纣白话文》，可能还参考了《商周演义》、《昆仑八仙东游记》。

目前已知最早的《封神演义》版本是明代万历年间金阊舒载阳刊本（雕版印刷），藏于日本内阁文库。

九诵·箕子

（宋）鲜于侁

伟夫子之正谅兮适遭世以离尤，

悼祖宗之累积兮大命颠而逢忧。

忠良屏远兮谗谀浸昌，神龟在涂兮虵蟺升堂。

紫鸾菱置兮鸩羽飞扬，駍虞潜逐兮豺虎纵横。

江蘺蛆割兮钩吻日滋，芳荃不御兮蔓草难图。

比干剖心兮夫子佯狂，蒙难以正兮大明其伤。

灵修不察兮国以云亡，旧邦维新兮武功以成。

囚奴释辱兮作宾於王，九畴演绎兮大法以彰。

五事钦明兮君道日隆，彝伦攸叙兮庶政其凝。

朝鲜分封佽夷貊化行，传国中山兮蕃子以孙。

庙貌有严兮祀典攸存，岁时奉事兮斯千万年。

齐桓公求祷

◎知不足者好学，耻不足者自满。一为君子，一为小
人，自取如何耳。——《省心录》

> 鲍叔牙（？—前644年），姒姓，鲍氏，亦称"鲍叔"、"鲍子"，春秋时代齐国大
> 夫，颍上（今属安徽）人。父为鲍敬叔。

公元前684年，寒冬腊月，百草凋谢，大地凝寒。

忽听人声嘈杂，一阵马蹄声由远而近。在旷野一只山羊正在没命地奔跑着，在它的后面，一群身着戎装的人骑马飞驰而来，紧追不舍。只见跑在最前面的一个人，弓如满月，"飕"的一声，一箭命中，山羊顿时扑倒在草窝里。

"吁——吁——"马群停住了。

几个士兵跑上前，叫着："快看，正中脖颈，好准的箭法啊！"

"好肥的山羊，今天我们可以美餐一顿啦！"

在欢呼声中，射中山羊的人动作矫健地翻身下马，对那射中的山羊看也不看，独自大步地走进旷野，欣赏起西沉的落日来。

"该回了吧，大王。"说话的人是齐国大臣鲍叔牙，射中山羊的人正是齐桓公。

桓公是个胸怀大志、敢作敢为的人，可是自从哥哥襄公死后，他感到自己仿佛搅进了一团乱麻。

原来，齐襄公继位以后，为了免除日后两个弟弟夺他王位的后顾之忧，

便把二弟公子纠送到了鲁国，将三弟公子小白送到了莒国。但襄公死后，因为没有儿子，王位应由弟弟来继承，由哪一个弟弟继承，朝中大臣却分成两派，一派认为应由公子小白继位，因为齐国乱了这么长时间，需要由一个有才能的君主才能治理好；一派认为应立公子纠为帝，因为他年长，理应由他继位。

最终，公子小白在鲍叔牙的巧妙保护中躲过管仲的暗杀，抢先回到齐国。公元前685年，公子小白继位成为齐桓公。

齐桓公继位之后，整天考虑如何治理齐国这个乱摊子。和鲁国打了几仗，虽然打胜了，但消耗了国力；国内连年战乱，百姓不能从事生产，灾荒遍地，饿莩遍野，怨声载道；而宫廷内部，明争暗斗，人心难测。

按照齐桓公的理想，不仅仅是让齐国强盛起来，还要称霸中原，做中原盟主。他年轻气盛，恨不得这些理想明天就实现，为此，他吃不下饭，睡不着觉。

鲍叔牙是看着齐桓公长大的，桓公内心所思所想他都能猜出几分，近几日看桓公心中烦闷，就提议到郊外来打猎，一来，让桓公散散心，二来，为桓公引荐一个人。

鲍叔牙的话，提醒了齐桓公，是该回去了。

齐桓公刚走到自己的马前，却被一位老人挡住了去路，向他施礼问候。

齐桓公很奇怪，问道："您是谁？找我有什么事？"

老人答道："我是麦丘邑人，听说大王到此打猎，特来问候。"

齐桓公与老人攀谈起来，当他得知老人已经八十三岁时，非常惊奇老人的长寿之道，恳请老人为他祝祷。

老人说道："大王您胸怀大志，年轻有为，齐国的盛衰全仰仗您了。我要是给您祝祷，首先要祝您长寿，祝您重义轻利，不以金玉为宝，不贪不义之财，不兴不义之师，不做不义之事。这样必能得人心，得人心者，得天下。"

桓公高兴地听着，说道："您说的好极了，俗话说，'至德不孤，善言必再'，您一定要再说一条。"

老人想了想，又接着说："祝您虚心好学，礼贤下士，虚心纳谏，从善如流，这样便能得到贤臣的辅佐，施政有道，即使有了过失，也可亡羊补牢。"

这一番话正说到齐桓公的心里，他连连点头，请求道："好极了，俗话说，'至德不孤，善言必三'，您再说一条吧。"

老人微笑着点点头，又说道："好，您既然愿意听，我就再说一条。祝您永远善待群臣百姓，以得到群臣百姓的拥戴，而不可得罪他们。"

这时，齐桓公不解地问道："君主得罪臣子，这怎么可能，您还是再重新说一条吧。"

老人认真地说："这是三条中最重要的一条，如大王所知道的，当初夏桀不讲仁德，穷兵黩武，祸累百姓，又囚禁商汤，最后商汤率兵讨伐，百姓一呼百应，将夏桀放逐而死。再看那商纣王，他横行恣虐，荒淫无道，听信奸谗，残害忠良，得罪了百姓和诸侯，最后武王率兵伐纣，纣王赴火而死。这都是君主得罪了群臣百姓的结果，没有谁能帮助挽救他们，他们至今也得不到谅解，不光自己身败名裂，江山社稷也断送在他们的手里。大王，我说的难道不对吗？"

老人的一番话令齐桓公豁然开朗，心想，这正是我为政治国之本，至于怎样发展农桑，怎样强兵，都是末节。想到这，齐桓公心中的愁闷顿时烟消云散，立刻拜伏在老人面前，请求老人能与他一同回宫共商兴齐大计。

站在一旁的鲍叔牙看了这一幕不禁喜上眉梢，因为这个老人是他特意请来的。看到桓公那欣喜的样子，鲍叔牙放心了。

◎故事感悟

鲍叔牙为了国家江山社稷，使用计策使得齐桓公接受自己的建议，这种劝诫的方法更容易让人接受，值得我们借鉴。

◎史海撷英

管鲍之交

年轻时鲍叔牙的出身要比管仲尊贵得多，但鲍叔牙发现管仲的才能胜过自己，非常仰慕与之交友，经常和管仲往来。即便是管仲因家境贫困经常占鲍叔牙的小便宜，鲍叔牙也并不以为意，反而处处为管仲着想，并善待管仲和他的家人。

后来，他们两人学有所成，管仲辅佐了齐国公子纠，鲍叔牙辅佐其弟公子小白。

公元前686年，齐襄公逝世，本应由其弟弟公子纠或公子小白继承王位，但他的堂弟公孙无知却篡位了。

时至第二年春，齐大夫雍廪杀了公孙无知，鲍叔牙等人极力推崇公子小白即位，立为齐桓公，为此还和鲁国发生了战争。后来齐国战胜，公子纠死于鲁国，而管仲却被鲍叔牙带回齐国。

鲍叔牙认为管仲的才能在自己之上，便向齐桓公强烈推荐，齐桓公不计前嫌，拜管仲为相，并尊为"仲父"。管仲在齐国实行了一系列的改革，倡"尊王攘夷"，终于帮助齐桓公成就了霸业。

在管仲年近衰老之时，齐桓公准备将相位传与鲍叔牙，在向管仲征求意见的时候，管仲却认为鲍虽是君子，为人近乎完美，但过于清白而容不得一丝丑恶，坚决反对他做丞相，并推荐了隰朋做丞相。

有人知道了这件事，就到鲍叔牙那里挑拨离间，说："管仲的相位本是您推荐的，现在他病了，主君前去询问后任，他却说您不行，反而推荐隰朋，我觉得这很不公平啊。"

鲍叔牙听后笑着回答道："我之所以要推荐管仲，就是因为他忠于国家，对朋友也没有私心。而至于我鲍叔牙，要是让我做司寇，捉拿坏人，还绰绰有余；要是让我掌管国政，像你们这样的人怎么可能有容身之地？"

◎文苑拾萃

贫交行

（唐）杜甫

翻手作云覆手雨，纷纷轻薄何须数。

君不见管鲍贫时交，此道今人弃如土。

　　此诗作于唐玄宗天宝年间（大约742—756年期间），杜甫在京城献赋"朝扣富儿门，暮随肥马尘；残杯与冷炙，到处潜悲辛"（《奉赠韦左丞丈二十二韵》）之后，被困守京华。诗人饱谙世态炎凉、人情反复的滋味，不禁想起古人管仲与鲍叔牙之间重情重义的贫困之交，所以愤而写下此诗。

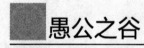
愚公之谷

◎静中有无限妙理皆见。——明·薛瑄

管仲（？—前645年），姬姓，管氏，名夷吾，字仲，谥敬，被称为管子、管夷吾、管敬仲，出生于颍上（今安徽省颍上县），春秋时代齐国的政治家、哲学家，周穆王的后代。管仲虽然仅是齐国下卿，却被视为中国历史上宰相的典范，任内大兴改革，重视商业，并因开创国营娼妓制度而曾被中国性服务业供奉为保护神。

"春秋五霸"之首的齐国国君齐桓公很喜欢打猎。

有一天，齐桓公带领手下外出打猎。在一个山坡，有一只梅花鹿正在低头吃草，齐桓公拿出弓箭射向梅花鹿，但是没射中，受到惊吓的梅花鹿调头疯狂逃跑。

齐桓公领着手下紧追不舍，却在一个山谷中迷了路，正在着急之时，走过来一个老汉。

"这位老人家，此处是何地啊？"齐桓公上前问道。

"此地乃愚公之谷。"老汉回答说。

"竟然有愚公之谷的地方！"齐桓公觉得很有意思，又问道，"为何会有这个名字呢？"

"这是用我的名字来命名的。"老汉答道。

"看老人家的仪表，并不愚蠢啊，为什么说你是愚公呢？"齐桓公更不理解了。

老汉叹了口气，向齐桓公讲了事情的原委：

几年前，老汉家养的母牛生了一头小牛，小牛长大后，老汉便把它卖掉换了头小马驹。

但是一天放牧的时候，一个年轻人看老汉放牧一头母牛，后边还跟着匹马驹，就狡诈地说："这匹马是我的，你偷了我的马。"

老汉说："这是我的马，你怎么说是你的呢？"

年轻人说："你前面牵着一头牛，后面跟着的却是一匹马，试问牛怎么会生出马来呢？这马是我的。"

说完就强行把小马驹牵走了。

这事被大伙知道后，都认为老汉愚蠢，自己的小马驹被别人抢走了，却不懂得向官府去告状？这不是愚蠢是什么？于是，乡亲们都管老汉叫愚公，并把老汉长年居住的山谷称为愚公之谷。

听完老汉的叙述，齐桓公也说："是啊，老人家，你把马白白地给了他却不告官，确实有点愚蠢。"

这老汉也不作解释，给齐桓公指了条回京的路后就消失在山谷中了。

齐桓公回到朝中把这件新鲜事告诉给相国管仲。

管仲听了后，却面露惭愧之色，向齐桓公拜了两拜说："国君，这都是我的过错啊。试想当初唐尧时代，咎繇当法官时，是不可能发生这种强抢别人马驹的事情的。即便是有人无理抢了，老汉也会愤然反抗，并报官的。可是现在因为司法不公正，致使老汉被抢了也不愿报官求保护啊。我要立刻回去整顿政事，使司法公正，保护百姓，严惩恶人。"

◎故事感悟

当政者应该思想敏锐，见微知著，从小事中看到关系国家治乱兴衰的大政方针。

◎史海撷英

《管子》

《管子》一书大约成书于战国（公元前475—前221年）时代至秦汉时期，此书虽以管仲命名，却并非管仲所著，文章大概出自深受管仲影响的稷下学派之手，体现了管仲的主要思想。汉朝学者刘向约于公元前26年为《管子》进行编辑。

《管子》一书共八十六篇，其中有十篇文已佚。全书十六万言，内容可分八类：《经言》九篇，《外言》八篇，《内言》七篇，《短语》十七篇，《区言》五篇，《杂篇》十篇，《管子解》四篇，《管子轻重》十六篇。

《管子》内容很庞杂，甚至间有抵牾，文章有很强的法家色彩，包括大量具体的治国方术。《管子》对法律的作用分析为："法者，所以兴功惧暴也；律者，所以定分止争也；令者，所以令人知事也。"

但同时也揉合了儒家思想，例如《管子》认为"凡治国之道，必先富民。民富则易治也，民贫则难治也"。

又如《管子·霸言》中："夫霸王之所始也，以人为本。本理则国固，本乱则国危。"

《管子》也有道家思想，例如在《内业章》中就有最古老道教修行的记载。

《管子》也有经济学的观念，《乘马》一章中指出："市者，可以知治乱，可以知多寡"，"而万人之所和而利也"。《汉书·艺文志》列入道家类，《隋书·经籍志》改列法家类。

《管子》在诸子百家中占有十分重要的地位，是研究古代政治、经济、法律等各方面的珍贵资料。

◎文苑拾萃

《管仲列传》

管仲夷吾者，颍上人也。少时常与鲍叔牙游，鲍叔知其贤。管仲贫困，常欺鲍叔，鲍叔终善遇之，不以为言。已而鲍叔事齐公子小白，管仲事公子纠。及小白立为桓公，公子纠死，管仲囚焉。鲍叔遂进管仲。管仲既用，任政于齐，齐桓公以霸，九合诸侯，一匡天下，管仲之谋也。

管仲曰："吾始困时，尝与鲍叔贾，分财利多自与，鲍叔不以我为贪，知我贫。吾尝为鲍叔谋事而更穷困，鲍叔不以我为愚，知时有利不利也。吾尝三仕三见逐于君，鲍叔不以我为不肖，知我不遭时也。吾尝三战三走，鲍叔不以我为怯，知我有老母也。公子纠败，召忽死之，吾幽囚受辱，鲍叔不以我为无耻，知我不羞小节而耻功名不显于天下也。生我者父母，知我者鲍子也。"

管仲既任政相齐，以区区之齐在海滨，通货积财，富国强兵，与俗同好恶。故其称曰："仓廪实而知礼节，衣食足而知荣辱，上服度则六亲固。四维不张，国乃灭亡。下令如流水之原，令顺民心。"故论卑而易行。俗之所欲，因而与之；俗之所否，因而去之。

其为政也，善因祸而为福，转败而为功。贵轻重，慎权衡。桓公实怒少姬，南袭蔡，管仲因而伐楚，责包茅不入贡于周室。桓公实北征山戎，而管仲因而令燕修召公之政。于柯之会，桓公欲背曹沫之约，管仲因而信之，诸侯由是归齐。故曰："知与之为取，政之宝也。"

太史公曰：管仲世所谓贤臣，然孔子小之，岂以为周道衰微，桓公既贤，而不勉之至王，乃称霸哉？语曰"将顺其美，匡救其恶，故上下能相亲也"。岂管仲之谓乎？

目不见睫

◎忠言逆耳利于行。——孔子

楚庄王（？—前591年），又称荆庄王，出土的战国楚简文写作臧王，芈姓，熊氏，名旅（一作吕、侣）。郢都（江陵纪南城）人，楚穆王之子。春秋时期楚国最有成就的君主，春秋五霸之一。楚庄王自前613年至前591年，共在位23年，后世对其多给予较高评价，有关他的一些典故，如"一鸣惊人"等也成为固定的成语，对后世有深远的影响。

春秋时期，继齐桓公、晋文公称霸诸侯以后，楚庄王也取得了诸侯霸主的地位。

虽然称霸诸侯，但楚庄王却有着一统天下的野心，想趁着越国衰弱之机出兵讨伐，进一步巩固自己霸主的地位。

但是连年的征战，使得此时楚国的国力大不如从前，军队疲劳、百姓困倦，整个国家怨声载道，这时再去攻打越国，是很危险的。但是对于攻打越国这件事，满朝的文武百官却没有一个敢直言进谏的，都怕激怒楚庄王，惹来麻烦。

在这个关键时刻，一位颇受国人尊敬的名为杜子的大夫，为了楚国的长远利益，挺身而出，在上朝的时候力谏楚庄王打消攻打越国的念头。

杜子对楚庄王说："听说现在大王要发兵讨伐越国，这是为什么呢？"

　　楚庄王说:"我国与越国相邻,我们现在不主动出兵攻打他们,总有一天他们也会出兵攻打我们。所以寡人决定讨伐越国。"

　　杜子又问:"可是大王为什么会选择这个时候发兵讨伐越国呢?"

　　楚庄王说:"现在越国政治混乱,兵力疲弱,正是我们出兵的好时机啊!"

　　杜子说:"大王,恕老臣昏庸,我对这件事很担心。"

　　楚庄王说:"你担心什么?"

　　杜子说:"大王,老臣觉得智慧就像人的眼睛一样,能看到百步以外的东西,却看不见自己的眼睫毛。"

　　楚庄王问:"这话怎么讲?"

　　杜子回答说:"大王难道不知,我国的军队被秦国、晋国打败后,已经丧失了几百里的国土,这说明我国的兵力正处于疲弱的时期;庄跻在国内造反,官府却连平定的力气都没有,这说明我国的政治混乱。这些足以证明我国政治混乱、兵力疲弱,并不在越国之下,可是大王却要讨伐越国。这不说明智慧像眼睛看不见睫毛一样,看不见自己的弱点。大王您说是不是?"

　　听了杜子所说的"目不见睫"的寓言之后,楚庄王放弃了讨伐越国的打算。

◎故事感悟

　　杜子劝说楚庄王要看到自己国家的不足,指出楚庄王行事的弊端,从而避免了一场战争的发生。现实生活中,每个人都只看到别人的缺点,而从来看不到自己身上的缺点,所以人人都要学会自我反省,只有不断反省才能让自己不断进步。

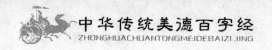
◎史海撷英

春秋五霸

五霸究竟指哪五位国君历来有不同的说法，目前史学界尚无定论。盛传"春秋五霸"共有两种说法，其实不对，从古至今，关于"五霸"至少出现过七种说法。

齐桓公、宋襄公、晋文公、秦穆公、楚庄王。《史记》（最通行）

齐桓公、晋文公、楚庄王、吴王阖闾、越王勾践。《荀子·王霸》

齐桓公、晋文公、秦穆公、楚庄王、吴王阖闾。《白虎通·号篇》

齐桓公、晋文公、秦穆公、楚庄王、越王勾践。《四子讲德论》

齐桓公、宋襄公、晋文公、秦穆公、吴王夫差。《汉书·诸王侯表序》

齐桓公、晋文公、晋襄公、晋景公、晋悼公。《鲒崎亭集外编》

郑庄公、齐桓公、晋文公、秦穆公、楚庄王。《辞通》

另有人认为，所谓"五霸"应是虚指，并非实指五位国君。

◎文苑拾萃

一鸣惊人

成语一鸣惊人源于楚庄王励精图治、振兴楚国的故事。

楚庄王即位之初，并不是一位明君，他沉湎酒色，不理政事，并对一切劝谏的大臣均"杀无赦"，弄得国内民不聊生，怨声载道。

看到国家这种情况，一位大臣不得已以隐言进谏，称有一大鸟在楚国的一座山峰高地栖息了三年，整日不飞不鸣，大家都不知此鸟是何方神鸟。

此时正是楚庄王即位的第三年，他知道大臣是在以大鸟暗讽自己，于是回答说，此鸟三年不飞，一飞必定冲天；三年不鸣，一鸣必定惊人。

听到楚庄王如此回答，大家都觉得国家有了希望，一个个欢欣鼓舞。

然而此后数月，楚庄王都没有任何行动，仍然整日寻欢作乐，大夫苏从又冒死再次进谏，动之以情，晓之以理，劝说楚庄王要以国家为重。

在大臣们的劝说下，楚庄王终于醒悟。他奋发图强，任用贤良，先后任用伍参、苏从、孙叔敖、子重等卓有才能的文臣武将，整顿内政，厉行法制，使得百姓安居乐业，国家兵力日益强盛，楚国出现一派国富兵强的景象，为日后的霸业奠定了基础。

由于楚庄王日后取得丰硕业绩，确实应验其所言"三年不鸣，鸣必惊人"，后世便用"一鸣惊人"这个成语来比喻人平时没有突出的表现，一下子做出惊人的业绩。

上行下效

◎不思故有感，不求故无得，不问故不知。——《二程遗书》

齐灵公（？—前554年），多字谥为齐孝武灵公，姜姓，吕氏，名环，在位期间有名相晏弱、晏婴父子相继辅政，国事清明，灵公二十六年（前556年）晏弱病死，晏婴继任为上大夫。齐灵公喜欢看女扮男装，为晏婴所谏止。

齐灵公在位的时候，有一个嗜好，就是觉得女子穿上男人的衣服后，会显出别样的韵味，常常让宫内的妃子和宫女们脱掉身上五彩的服装换上男人的服装。这样一来，整个宫内的女子们都不爱红妆爱武装，一个个英姿飒爽，让齐灵公好不高兴。

可是时间一长，齐灵公发现，不仅宫内的女子整日女扮男装，上行下效，整个国家的女子也都喜欢上穿男装了，这样一来，男女不分，闹出了不少笑话。

齐灵公立即颁布禁止令，勒令全国女子从今以后，不许再穿男装，在街头巷尾发现有女子再敢女扮男装，任何人都可以撕裂她的衣服，割断她的衣带。

虽说自命令公布以后，很多女子因女扮男装而被撕裂衣服、揪断衣带，可是这种女扮男装的风气依然盛行，屡禁不止。

齐灵公无奈地问晏子道："我已经严令禁止女子穿男人的服装，为什么这些女子竟不惜冒着被撕裂衣服、揪断衣带的风险而一点也不悔改，依然热衷于女扮男装呢？"

看着一筹莫展的齐灵公，晏子笑了笑说："大王，您的这个命令只禁止宫外的女子，却对宫内的女子网开一面，这种做法好比挂羊头卖狗肉，当面一套背后一套，百姓只会明里面遵从，暗地里却依然我行我素。如果大王想改掉国内的这个风气，只有先从宫内做起，严令禁止宫内所有女子再女扮男装，这样才能让宫外的百姓跟着改正，不再女扮男装了！"

看着国内一团糟的风气，齐灵公只好下令禁止宫里女子再穿男装。

果然，不到一个月，国内的女子便没有再穿男装的了。

◎故事感悟

齐灵公禁止女人穿男人的服装，而自己却让宫里的女子穿着，正所谓己所不欲勿施于人。作为一个管理者，要先从自己做起，下面的人才会效仿。自己都不能严格要求，是没有理由来要求别人的。这是作为一个管理者所需要反省的。

◎史海撷英

橘生淮北则为枳

身为齐国宰相的晏子出使楚国时，楚王为了羞辱他来显示自己治国有方，在晏子就坐后，就命人安排一对武士押一名犯人从殿前经过。

楚王指着犯人问手下："这是哪国的人啊？犯了什么罪被抓？"

手下回答说："这是一个齐国人，因为偷窃被抓。"

楚王故作惊讶地问晏子："晏相国，齐国人有偷东西的毛病吗？"

晏子一看便知是楚王故意给自己难堪，他从容不迫地回答说："不知大王听过橘生淮北则为枳的道理没有？"

楚王说:"你倒说来听听。"

晏子说:"在淮河以南有一种橘子,其味甘甜无比,淮河以北的人们见了,便想着把这种橘子移到淮北去栽种,谁知道,移植之后,橘子树却变成了枳树,结出来的果子也非常的小,味道苦涩,难以入口,这都是因为两个地方的水土不一样才出现这种情况。而现在阶下这个齐国人出生在齐国时并不是一个小偷,可是为什么来到楚国,却变成了盗贼呢?这也是因为楚国的风土人情让他产生了偷窃的念头,这种变化和齐国一点关系也没有啊!"

听了晏子的回答,楚王怕接下来又会被晏子出什么丑,只好尴尬地说道:"今日寡人本打算羞辱你一番,却不成想又被你嘲笑了,看来这都是寡人的过错,还请你原谅我吧!"

楚王再也不敢怠慢晏子了,晏子圆满完成了使命,既维护了个人的名声,还保全了齐国的名声。

◎文苑拾萃

《晏子春秋》

《晏子春秋》是记载中国春秋时期齐国丞相晏婴言行活动的一部书,成书于战国时期,西汉的刘向对其加以整理,共8卷215章,分为内篇6卷和外篇2卷。清末的苏舆、张纯一分别著有《晏子春秋校注》,现代吴则虞著有《晏子春秋集释》。

《晏子春秋》是记载春秋时期(公元前770—前476年)齐国政治家晏婴言行的一种历史典籍,史料和民间传说汇编而成。

《晏子春秋》最突出的文学特点是故事生动,情节曲折,具有很强的可读性。如书中有很多生动的情节,记载了晏婴劝告君主勤政,不要贪图享乐,以及爱护百姓、任用贤能和虚心纳谏的事例,表现出晏婴的聪明和机敏,不仅使晏子成为后世人学习的榜样,也使得书中的故事在民间广泛流传。可以说,《晏子春秋》是中国第一部短篇小说集。

《晏子春秋》的另一个突出的文学特点是人物形象栩栩如生,性格、个性鲜明突出。如上所述,《晏子春秋》的编者或作者是要塑造晏子的正面形象,而且尽量把他塑造得有血有肉，具体可感。因此，运用了细节描写、个性化的语言和行动、对比等手法来突出晏子的形象。

在《晏子春秋》中，晏子不仅是仁人，也是智者，不仅思想道德崇高，堪称表率，而且具有鲜明的个性。

《晏子春秋》由于其思想非儒非道，自古以来并不被人重视。但是，如能细细品味，深入其中，一定会有所收获。

车夫之妻

◎问之不切，则其听之不专；其思之不深，则其取之不固。——宋·王安石

晏婴（？—前500年），字仲，谥平，习惯上多称平仲，又称晏子。齐国莱地夷维人（今山东莱州市平里店）。春秋后期政治家、思想家、外交家。齐灵公二十六年（前556年）晏弱病死，晏婴继任为上大夫。历任灵公、庄公、景公三朝，辅政长达40余年。

晏子是齐国的宰相。一天，车夫载着他外出办事，经过闹市的时候，正好被车夫的妻子看见了。车夫的妻子看见丈夫坐在马车上，洋洋得意，神气活现，把马鞭挥得很响，好不张扬。妻子很生气。

车夫回到家里，见妻子正收拾东西，要离开他。车夫急了，连忙问妻子原因。

妻子说："晏子虽然身高不到六尺，但毕竟是堂堂宰相，名闻诸侯。可是今天我看他坐在马车上，低头沉思，神情谦虚，毫不故作尊贵；而你虽身高八尺，但只不过是个车夫，却不知道谦虚，赶车时的样子竟那么趾高气扬，就好像你是宰相一样。我不愿和这么骄傲自大的人过日子！"

车夫听完后，知道了自己的毛病，羞愧不已。

从此以后，车夫十分检点自己的行为举止。慢慢地，他终于改掉了那个坏毛病。

对车夫的变化，晏子感到有些奇怪，于是便问他是什么原因使他的态度

转变得这么快。车夫以实相告。晏子称赞这个车夫能够从善如流，后来推荐他当了大夫。

◎故事感悟

　　人贵有自知之明，无论什么时候都不能倚仗别人的势力耀武扬威、骄傲自大，应该谦逊平和，摆正自己的位置。幸亏车夫有个明事理的妻子，促使他反省自励。

◎文苑拾萃

《管晏列传》

　　《管晏列传》选自西汉文学家、史学家司马迁所著的《史记》卷六十二，是春秋中后期齐国政治家管仲和晏婴的合传。

　　司马迁将管仲和晏婴合二为一著《管晏列传》的缘由是因为"晏子俭矣，夷吾则奢，齐桓以霸，景公以治，作《管晏列传》第二"。

　　他认为，虽然二人相差两百年，且各自的生活态度不同，一个奢华一个节俭，但二人同为齐国名相，各自辅佐了桓公、景公成就霸业，泽被当代，垂范后世，所以将二人合传写成《管晏列传》。

　　司马迁在书中抓住他二人的特点，并选取了典型事例分别描写了这两位春秋中后期齐国国相：如写管仲，着重写其同鲍叔牙的交注，以及任政相齐、助齐桓公九合诸侯一匡天下的谋略；写晏婴则通过对重用越石父和御者的典型事例的详细叙述来突出其"贤"。

　　文章详略得当，重点突出。比如对管、鲍之间的真挚友谊及晏婴任用御者缘起的叙述极为详细，而对管仲生活的奢侈等不太重要的方面则一笔带过。

　　很显然，司马迁在《管晏列传》中对管仲是在褒扬他的言行一致，君臣和谐的美德，对晏婴是褒扬他的忠义。

孔子反省为马致歉

◎圣人千虑，必有一失；愚人千虑，必有一得。——《晏子春秋》

端木赐（公元前520—前446年），复姓端木，春秋末年卫国人，字子贡（古同子赣）。孔子的得意门生，孔门十哲之一，"受业身通"的弟子之一，孔子曾称其为"瑚琏之器"，在孔门十哲中以言语闻名。万仞宫墙典故，出自子贡称赞孔夫子之学问高深。

孔子带领弟子到各诸侯国游历，途中马跑丢了，这匹马吃了一个农夫的庄稼。农夫很生气，把马牵回家中拴了起来。孔子于是派善于辞令的弟子子贡前去交涉。

子贡到了农夫那里，言辞谦卑有礼，讲了一番道理，但是农夫听不进去，没有让他牵回马。

子贡回去告诉孔子，孔子猛然有所悟，说："用人家听不进去的话去说人，就像用太牢（牛、羊、猪俱备的馔肴）招待野兽，用九韶（一种高雅乐曲）之乐让飞鸟欣赏。这是我的错，不是子贡的错。"于是派车夫再次前往交涉。

车夫见到农夫，说："你耕种的土地，从东海到西海，面积太大了，我们的马走丢了，怎么能不吃到你的禾苗呢！"农夫听后很高兴，将马解下来交给了车夫。

◎故事感悟

　　交际言辞的巧与拙，不能简单地看是否文质彬彬，合乎什么大道理，只有根据不同的对象采用适当的方法，打动人心，达到预期目的，那么就是巧的，否则就是拙的。

◎史海撷英

子贡赎人

　　春秋时代鲁国规定，凡鲁国人看到本国人在他国沦为奴隶，可以将之赎回，国家不但会报销赎金，还给予一定的奖励。

　　有一天，子贡在外出时赎回了一个在外为奴的鲁国人，却没有去领赏拿回赎金。他本以为会受到孔子的表扬，没想到孔子却说他做错了。

　　孔子说："子贡啊，你这种行为很不好啊，为大家开了一个不好的头，从此以后怕是别人不肯再出钱赎人回来了。"

　　子贡不解地问孔子："这是为何？"

　　孔子说："你赎了人理应收下国家给予的赎金，你也一样会被认为是一个有爱心的人；但现在你不肯要国家的赎金，虽然表面上看起来你道德高尚，但是别人看到你的这种行为后，谁还再愿意去赎人呢？"

　　子贡做了一件好事，本应该被树为道德典范，夫子为何反而要批评他？其实鲁国那条法律的用意是为了鼓励大家做好事，但是子贡的错误在于把原本人人都能达到的道德标准超拔到了大多数人难以企及的高度。如果大家以后再做好事，必然要向子贡学习，不要赎金才叫高尚，但又有谁能这么有钱，并且可以损自己的钱财而不后悔的呢？

　　所以，孔子才会对子贡的这种行为提出批评，认为他阻碍了大家做好事的热情。

从人贤子贡

（宋）辛弃疾

莫笑吾家苍壁小，棱层势欲摩空。

相知惟有主人翁。

有心雄泰华，无意巧玲珑。

天作高山谁得料，解嘲试倩扬雄。

君看当日仲尼穷。

从人贤子贡，自欲学周公。

鲁哀公扩建宅舍

◎思其始而成其终。——《左传》

鲁哀公（？—前468年），姬姓，名将，为春秋时期鲁国君主之一，是鲁国第二十六任君主。他是鲁定公的儿子，在位27年。

鲁哀公嫌宫室狭窄，想向西扩建宅舍。史官直言谏诤，认为向西扩建宅舍是不吉祥的。鲁哀公对劝阻非常反感，大发雷霆，左右大臣多次劝阻都不听。

哀公暗地里向老师宰折瞧征求意见，说："我想扩建宅舍，可是史官说不吉祥。你认为怎么样？"

宰折瞧知道君主的脾气，就先顺着他说："天下有三种不吉祥的事，而向西扩建宅舍不在其列。"

哀公听了非常高兴。停了一会儿，哀公又问："那么，三种不吉祥的事具体内容是哪些呢？"

宰折瞧于是说："不按照礼义行事，这是第一种不吉祥；嗜欲没有止境，这是第二种不吉祥；不听取强谏，这是第三种不吉祥。"

哀公听了默不作声，陷入深思，翻然悔悟，于是下令停止向西扩建宅舍。

史官以为强谏可以阻止哀公的行为，可是结果是使哀公更加强硬；而宰折瞧没有正面与哀公争辩，采取了委婉的暗示方法，却使哀公翻然改悔。

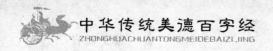

◎故事感悟

在纷纭复杂、千变万化的事物面前，要审时度势，善于变通，才能达到预期的目的。

◎史海撷英

鲁哀公中计拒谏

孔子在鲁国从政，政绩显著，鲁国路不拾遗，夜不闭户。齐景公对此深感不安。

梨且对齐景公说："君王您不用愁，去掉孔子，就像是吹走一根羽毛那样容易。您为什么不用高官厚禄来迎接他呢？我们可以送给鲁哀公一批能歌善舞的年轻女子，使他产生骄横虚荣的情绪。哀公得到这样一批女子后，必然贪恋新欢而懒得处理政事；而仲尼又一定要进行谏诤，结果必定为鲁君拒绝。"

景公说："很好。"于是命令梨且把16个能歌善舞的年轻女子送给鲁哀公。

哀公很高兴，并以此为乐，结果懒得处理政事。

孔子进谏，哀公也不听，于是孔子便离开鲁国而到楚国去了。

◎文苑拾萃

春秋战国门·再吟

（唐）周昙

好龙天为降真龙，及见真龙瘁厥躬。

接下不勤徒好士，叶公何异鲁哀公。

虎会答赵鞅

◎人能每事即使虑终，则必无悔吝之及。——明·钱琦

> 赵简子（？—前476年），春秋时期晋国赵氏的领袖，原名赵鞅，又名志父，亦称赵孟。《赵氏孤儿》中的孤儿赵武之孙。先后败范氏、中行氏，拓展封地，奠定了后来建立赵国的基业。

春秋时期，赵鞅任晋国宰相，被世人称为赵简子。

有一天，赵简子出行，路遇一条弯弯曲曲的羊肠小道，车辆十分艰难地行走着，随行的人都赶紧上前跟着车夫一起推车前行，一个个累得满头大汗。

有一个叫虎会的家人却扛着枪在一边唱着歌悠闲地走着，这让赵简子非常生气。

赵简子气愤地冲着虎会嚷道："你没有看到大家都在卖力地推车吗？为什么还在一旁袖手旁观，我看你根本就不把我这个主人放在眼里，你知道这是什么行为吗？"

虎会不紧不慢地回答说："这是侮辱家主。"

赵简子说："身为我的随从却侮辱我，该当何罪？"

虎会说："身为随从却侮辱主人，罪该死上加死。"

赵简子问："死上加死是怎么样的处置方法呢？"

虎会说:"就是自己被处死,老婆、孩子也被处死,就叫死上加死。"

赵简子说:"既然你知道自己罪该死上加死,那我先不处置你,等回去后再好好处置,你先来帮助推车吧。"

虎会没有去推车,却接着说:"不知道主公听说过身为主君侮辱臣下的事没有?"

赵简子回答说:"常言说'君叫臣死,臣不敢不死。'但身为主君侮辱了臣下,这个倒没听说过要怎么办,你说来听听。"

虎会说:"如果一个主君侮辱了他的臣下,那么这个臣下即便是再足智多谋也不会愿意为主君出谋划策的,再能言善辩的人也不会为主君出使他国,再能征善战的人也不会为主君拼死抵抗敌人……"说到这里,虎会望着赵简子住口不言。

赵简子说:"继续往下说。"

虎会说:"如果一个足智多谋的臣下不再为主君出谋划策,那么这个国家就危险了;如果一个能言善辩的人不愿意为主君出使他国,那么这个国家就会与邻国断交了;如果一个能征善战的人不再拼死抵抗敌人,那么这个国家的边境就要遭到侵犯,就会陷入危险境地。"

听了虎会的话,赵简子感慨地说:"你说得太对了啊!"

从此以后,赵简子再也不动不动就支使着群臣干活了,并且还经常设宴与有勇有谋的大臣欢聚,并把虎会当成贵宾,加以款待。

◎故事感悟

无论是君还是臣,都应该互相尊重。只有君主尊重臣下,臣下才能竭尽才智辅佐君主。

◎史海撷英

三家分晋

三家分晋是指春秋末年（公元前453年），晋国被韩、赵、魏三家瓜分的事件。

春秋时期，晋文公、晋襄公掌权时，国内的狐、赵、先、郤、胥等氏颇有权势，以后又有韩、魏、栾、范、荀氏等家族逐渐强大起来。春秋中期，晋国的政局由十余家卿大夫控制。

后来，经过激烈兼并，到了春秋晚期只剩下赵、魏、韩、范、智、中行氏六家，称为"六卿"。

再后来，晋国"六卿"中的范氏、中行氏家族又被灭，只剩下赵、魏、韩、智四家了，其中这四家以智家最为强大，却在后来的一次战役中被赵氏家族巧妙地联合韩、魏两家将其灭掉，最终，晋国土地被赵、韩、魏三家瓜分。

周威烈王二十三年（公元前403年），周威烈王封三家为诸侯国，与晋侯并列。单纯从合法性的角度看，这一年具有划时代的意义，战国即由此起始，历史上将这一年作为春秋与战国的分界。

宋代著名史学家司马光撰《资治通鉴》，就是从这一年开始，记载的第一件事即是"初命晋大夫魏斯、赵籍、韩虔为诸侯"。

◎文苑拾萃

《史记·赵世家》

赵武灵王是战国时期最杰出的人物之一。他根据赵国的国情，大胆提出了胡服骑射的主张。

要实行这一主张，就要改变传统习俗，因而遭到来自各方面的反对，阻力重重，举步维艰。但武灵王对旧的习惯势力毫不妥协，他力排众议，接连与贵族及大臣进行激烈的论辩，终于使反对者理屈词穷，不得不同意他的主张。

司马迁对武灵王力排众议的记述是颇为详尽的，因为在反复论辩中，这位改革家的远见卓识及其勇气和魄力得到了最充分的体现。当然，作者也记述了胡服

骑射使赵国迅速强大的功效。

我们从历史上已经看到，胡服骑射之功绝不仅仅局限在赵国，这一移风易俗的措施对中国历史发展所产生的积极影响是多方面的。

司马迁虽然还来不及完全看到这些影响，但他却以敏锐的眼光看到了武灵王的革新措施极不寻常，因而给予充分的肯定。这也正是这位伟大史学家的卓越之处。

北宫子醒悟

◎善其身，介然，比以自好也。——《荀子·修身》

> 列子（生卒年不详），名列御寇，或称列圄寇，春秋时期郑人，道家学派的先驱者，主张贵虚。列御寇于《史记》无传，其名散见于《庄子》《管子》《晏子》《墨子》《韩非子》《尸子》《吕氏春秋》等书。列御寇成名于《列子》一书，有章以其名为章名，主旨在于宣扬不可炫智于外而应养神于心，达到"天而不入"顺从自然，达到无用之用的境界。

《列子》一书记载了这样一个故事：

北宫子与西门子从小在一起游戏玩耍，大一点了，就在同一个学堂里读书。成年以后，又一起出仕求功名。

但是，西门子飞黄腾达，官尊爵厚；北宫子却穷困潦倒，抑郁不得志。两人住在一个城里，可是由于差距悬殊，也渐渐地疏远，不来往了。

一次，北宫子前去拜访西门子。在门房里等了很久，西门子才见他。

北宫子心中窝火，便对西门子说："我与你同生一世，可是人们只让你显赫；我与你共属一族，可是人们只对你毕恭毕敬；我与你相貌相仿，可是人们只喜欢你；我与你言论相若，可是人们只采用你的言论；我与你一同行事，可是人们只信任你；我与你一同求官，可是人们只让你尊贵；我与你一同务农，可是人们只让你富有；我与你一同经商，可是人们只让你得利。我穿着粗布短衣，吃着粗茶淡饭，住着蓬门筚户，外出时只得步行。而你却身着绫罗貂裘，饱食精米鱼肉，住着富丽宽大的房子，外出时车马前呼后拥。在家时，你轻蔑地嫌弃我；在朝堂上，你毫不掩饰地对我不屑一顾。几年以来，我拜访你时，你久久不愿相见；一同出游时，你也从不愿与我同行。你一点儿也不念及过去的情谊，难道你自认为品德比我高出许多吗？"

西门子傲慢地说："我也不知道这是怎么回事。你行事就困顿，我行事就顺达，这难道不是由于我们品德上的差异造成的吗？你却只是强调你在各个方面与我相同，你的脸皮也太厚了！"

北宫子无言以对，垂头丧气地走了。

北宫子走到半路的时候，遇到了南郭先生。南郭先生见他神情异样，便问道："你这是要去哪里呀？为什么一个人独自发闷，带着深深的羞愧之色呢？"

北宫子长长地叹了一口气，红着脸向南郭先生讲述了拜访西门子的经过。

南郭先生听完，笑着对北宫子说："我将跟你一同去西门子家，为你洗去羞耻。"

来到了西门子家，见到了西门子，南郭先生便径直地说道："你怎么能这样羞辱北宫子呢？你还是对我说清楚吧。"

西门子不以为然地说："北宫子说他在时代、家族、容貌、言行各个方面都与我相同，而我们两人却一个富贵，一个贫贱。我就对他说：'我也不知道这是怎么回事，你行事就困顿，我行事就顺达，这难道不是由于我俩品德上的差异造成的吗？你却只是强调你在各个方面与我相同，脸皮也太厚了！'"

南郭先生听完，正色说道："你所说的差异不过是指品德上的差异，而我要说的差异就与你不同了。北宫子品德丰厚，然而命运不济；你命运通济，然而品德鄙陋。你的飞黄腾达，不是由于聪明得来的，北宫子的穷困潦倒，也不是由于愚笨导致的。这些都是天命，不是个人能左右的。你凭借自己的顺达而骄矜自傲，北宫子因为自己的品德丰厚而自惭自愧，都是不通识自然的道理呀。"

西门子面红耳赤，躬身说道："先生不要说了，我以后不敢再说那样的话了。"

北宫子回到家里以后，仍旧身穿粗布短衣，却感到了绫罗貂裘的温暖；仍然吃粗茶淡饭，却感到了精米鱼肉的美味；仍旧住在蓬门筚户，却感到了琼楼玉宇的凉爽舒适；乘着用荆条竹子编成的车子，却好像坐着装饰华美的大车。周身怡然自得，甚至不知道荣耀和耻辱在别人那边，还是在自己这边。

南郭先生听说了，感慨地说："北宫子迷惑得太久了，几句话竟然能使他醒悟，他也真是一个容易醒悟的人啊！"

◎故事感悟

道家要求人们看透万物齐一的本性，明白顺达与困顿都是一样的，不要着意计较，关键要虚淡内心，返归于"无"，顺性无为，任其自然，这样就能够恬淡自怡、宠辱不惊了。但其中相对主义的认识，我们是不能汲取的。

◎史海撷英

列子祠和列子墓

列子出生于郑国圃田，也就是现在的河南郑州。在郑州市东郊圃田乡圃田村北供有列子祠，祠的前面有潮河，后面有丘陵，四周枣林丛丛。在村子的东南一公里处另有一座小型墓冢及墓碑，历代被传为列子墓。

列子祠究竟建于什么年代一直没被考证，但据碑文记载，此祠曾一度被改为佛寺。明万历八年（1580年）监察御使苏民望巡视河南过圃田时，得知此事，就命人重建祠堂，并立《重修列子祠记》碑石。

根据碑石记载得知，祠堂原有硬山房大殿、卷棚、左右厢、过厅、门楼15间，呈长方形院落。庭前屋后，点缀有几株青绿刺槐。大殿顶镶鸱吻、宝瓶，望瓦有圆形图饰，楣木、雀替有"天马奔日"、"狮滚绣球"及花卉浮刻。厅前立有明碑一座和清碑三座。

大殿1966年被毁，石碑推倒埋入地下，现仅存山门、廊房等硬山式建筑，为学生教室，其他均已拆毁重建。

◎文苑拾萃

愚公移山

太行、王屋两座大山，面积方圆约七百里，高达七八千丈。它们原来位于冀州的南部、黄河北岸的北边。

北山脚下有个叫愚公的人，年纪将近九十岁了，面对着山居住。愚公苦于山北面道路阻塞，进进出出曲折绕远。于是愚公召集全家人来商量说："我和你们用尽全力铲平险峻的大山，使它一直通到豫州南部，到达汉水南岸，好吗？"

大家纷纷表示赞同他的意见。愚公的妻子提出疑问说："凭你的力量，连魁父这座小山都削减不了，又能把太行、王屋这两座山怎么样呢？况且把土石放到哪里去呢？"

大家纷纷说："把土石扔到渤海的边上，隐土的北面。"

愚公于是带领三个能挑担子的子孙，敲凿石头，挖掘泥土，用箕畚搬运到渤海的边上。邻居姓京城的寡妇有个孤儿，刚刚开始换牙（七八岁），蹦蹦跳跳地去帮助愚公。冬夏换季，才往返一次呢。

河曲有一个很有智慧的老头笑着阻止愚公说："你太不聪明了。凭你这么大的岁数和剩下的力气，连魁父山上的一根草都不能拨掉，又能把泥土和石头怎么样？"

北山愚公长叹一声说："你思想顽固，顽固到不能改变的地步，连寡妇和小孩子都比不上。即使我死了，还有儿子在呀；儿子又生孙子，孙子又生儿子；儿子又有儿子，儿子又有孙子；子子孙孙没有穷尽的，可是山不会增高加大，何必愁挖不平呢？"

河曲的智叟没有话回答了。

山神听说了这件事，怕他不停地挖下去，就向天帝报告了这件事。天帝被他的诚心感动，命令夸娥氏的两个儿子背走了两座山，一座放在朔方的东部，一座放在雍州的南面。从此，冀州的南部，汉水的南面，没有山冈高地阻隔了。

邹忌与徐公比美

◎问之不切，则其听之不专；其思之不深，则其取之
不固。——宋·王安石

> 邹忌（生卒年不详），战国时代齐国人。《史记》亦作驺忌，田齐桓公时以为重臣，齐威王时为相，封于下邳（今江苏邳县西南），号成侯。后又事齐宣王。

春秋时期，齐国有一位被公认为全国最帅的男人叫徐公，邹忌的家离徐公家不远，邹忌的外形也很魁梧帅气。

一天早上，邹忌穿好衣服，对着镜子看了半天后，问妻子说："夫人觉得我与徐公相比，谁更漂亮呢？"

妻子不假思索地答道："比起徐公，当然是相公你比较漂亮。"

徐公是名闻齐国的美男子，邹忌不相信妻子的话，就又去问自己的小妾说："你来看看，我与徐公哪个更漂亮呢？"

小妾回答道："徐公虽然是全国公认的帅哥，但与你相比，他还差得远呢！"

听到妻妾如此回答，邹忌有些将信将疑了，心想：她们都这样说我，那肯定我不会比徐公差，不妨我再问问外人来确定一下。

正好这时有一客人前来拜访，邹忌摆下了酒席去招待他。席间，邹忌又问了客人同样的问题，客人的回答也同样是："徐公怎么能有您漂亮呢？"

听了客人的话，邹忌不禁心花怒放起来，认为自己才是齐国最美的男子。

这天，正在邹忌洋洋得意地走在大路上的时候，迎面遇到徐公，等到细

细把徐公打量一番后，邹忌发现自己无论是面貌、身材、姿态等各方面都不能胜过徐公。

回家后，邹忌对着镜子纳闷起来，自己明明没有徐公帅，可为什么妻子、小妾和客人都会说自己漂亮呢？

经过反复思考，邹忌终于明白，妻子是情人眼里出西施，当然说自己漂亮；小妾是因为害怕自己，因此而讨好自己；而客人则是因为要有求于自己，所以才当面说自己漂亮。

◎故事感悟

为人要有自知之明，不可轻信他人的赞美之言。听到恭维之语时，不能忘乎所以、飘飘然，而应保持清醒的头脑，并深刻反省、审视自己，这样才能有所进益。

◎史海撷英

邹忌说琴谏齐王

公元前356年，齐桓公故去，其子继位，是为齐威王。

齐威王非常喜欢弹琴，时常独自在后宫弹琴自娱而疏于朝政，就这样一晃九年，国家日趋衰败。周边国家看到齐威王如此，便趁机起兵进犯，齐国连连打败仗。

一天，一个名为邹忌的人来到齐国王宫，他自称是高明的琴师，对侍臣说："听说大王爱弹琴，我特地前来拜见，为大王抚琴。"侍臣立即禀报了齐威王，齐威王很高兴，立即召见邹忌。

邹忌来到内宫聆听齐威王弹琴，他连声称赞道："好琴艺！好琴艺！"

齐威王问："我的琴艺好在哪儿？"

邹忌起身鞠躬后回答："我听大王的琴声，大弦弹出来的声音庄重，像一位明君的形象；听大王从小弦弹出来的声音又是非常的清晰明朗，像一位贤相的形象；

大王运用指法十分精湛纯熟，弹出的音符和谐而动听，深沉有节，舒展有度，既灵活多变又相互协调，仿佛一个国家明智的政令一样。听到这悦耳的琴声，我怎能不叫好呢！"

接着，邹忌又说："弹琴和治理国家一样，必须专心致志。七根琴弦，好比君臣之道，大弦音似春风浩荡，犹如君；小弦音如山涧溪水，就像臣。该弹哪根弦就认真地去弹，不该弹的弦就不弹，如同国家政令一样。七弦配合协调才能奏出美妙的乐曲，这正如君臣各尽其责，才能国富民强、政通人和。弹琴和治国的道理一样！"

齐威王说："先生，你的乐理说到我的心坎上了，但是，只知道弹琴的道理还不够，必须审知琴音才行，请先生试弹一曲吧。"

只见邹忌离开琴位，两手轻轻舞动只摆出弹琴的架势，却并没真的弹。

齐威王见邹忌如此，恼怒地指责道："你为何只会摆空架子不去真弹琴呢？难道你欺君？"

邹忌答道："臣以弹琴为生业，当然要悉心研究弹琴的技法。大王以治理国家为要务，怎么可以不好好地研究治国的大计呢？这就和我抚琴不弹，摆空架子一样。我抚琴不弹，就使您心情不舒畅；您有国家不治理，也就没法使百姓心满意足，道理是一样的啊，请大王三思。"

齐威王被邹忌这样一点拨，一下子醒悟了，于是，他开始关心朝政，并与邹忌大谈治国定霸大业。

吕蒙手不释卷

◎善问者如攻坚木，先其易者，后其节目，及其久也，相说以解。不善问者反此。——《礼记》

> 吕蒙（178—220年），汝南富陂（今安徽阜南吕家岗）人。三国时期吴国著名的军事将领。历任别部司马、平北都尉（广德长）、横野中郎将、偏将军、寻阳令、庐江太守、汉昌太守、南郡太守，被封为孱陵侯。

吕蒙早年因为家贫而从军，他通过自己的努力，20多岁的时候就被提升为将军。他十分善于领兵作战，立过不少战功，但有个缺点——平时不爱读书。

一天，吴王孙权对吕蒙和蒋钦说："你们现在掌管军政大权，应该多读史书、兵书，才能开阔胸襟，增长知识。"

吕蒙听了，摇头回答说："军队里事情太多，哪有时间读书啊！"

孙权听了很不高兴，批评他说："你这话不对，时间是靠人挤出来的。我又没有过多要求，只是希望你们多读历史类的书籍，从中吸取经验教训。你说平时事情太多，难道比我的事务还多吗？我在少年时期就读完了《诗经》、《书经》、《左传》、《国语》，只是没有读《易经》。我从掌管国家大事以来，虽然很忙，可还是挤出不少时间攻读了《史记》、《汉书》、《东观汉记》以及各家兵书，收获很大。你们两个人，思想开朗，悟性很高，只要肯学，一定会大有益处，为什么借故推托，自甘暴弃呢？你们应该发奋苦读，尽快读完《孙子》、《六韬》等兵书以及《左传》、《国语》、《史记》、《汉书》、《东观汉记》

等历史著作。孔子曾说过：'整天不吃饭，整夜不睡觉，一天到晚空想，没有任何益处，不如踏踏实实地学习。'从古到今，一切有作为的人都是酷爱学习的。为什么你们不肯自我鞭策呢？"

听了孙权的话，吕蒙觉得很惭愧。

从此以后，他抽空努力读书，知识越积越多。

一次，吴国主将鲁肃和吕蒙讨论军事，吕蒙讲得很有见解。

鲁肃听了非常高兴，对吕蒙说："想不到你都快变成学问家了，真不是过去的吕蒙了啊！"

吕蒙微笑着说："士别三日，就得刮目相看。咱们分别这么久，你不能还用老眼光看我啊！"

后来，吕蒙做了吴国的主将，他用白衣渡江之计，兵不血刃攻取荆州，断了关羽的后路，并在麦城活捉关羽，为吴国立下了大功。

◎故事感悟

士别三日当刮目相看。吕蒙由于接受了吴王的劝诫，深刻反省自己的不足，并下决心努力完善自己，从而让自己的知识有了突飞猛进的增长，也为自己后来立下大功做了很好的铺垫。

◎史海撷英

单刀赴会

215年，刘备取益州，孙权令诸葛瑾找刘备索要荆州。刘备不答应，孙权极为恼恨，便派吕蒙率军取长沙、零陵、桂阳三郡。长沙、桂阳蜀将当即投降。

刘备得知后，亲自从成都赶到公安（今湖北公安），派大将关羽争夺三郡。孙权也随即进驻陆口，派鲁肃屯兵益阳，抵挡关羽。双方剑拔弩张，孙刘联盟面临破裂。

在这紧要关头，鲁肃为了维护孙刘联盟，不给曹操可乘之机，决定当面和关羽商谈。"肃邀羽相见，各驻兵马百步上，但诸将军单刀俱会"。

双方经过会谈，缓和了紧张局势。随后，孙权与刘备商定平分荆州，鲁肃拱手道谢而别。鲁肃半晌才缓过气来。

◎文苑拾萃

《吴书》

《吴书》是三国时期东吴官修的一部国史，是一本纪传体书籍，主要讲述三国时期的事件。开始撰写于孙权末年，由韦曜（又名韦昭）、薛莹等主持修书，共五十五卷。《隋书·经籍志》《旧唐书·经籍志》及《新唐书·艺文志》均有著录，后亡佚。

在《中国历史大辞典·史学史卷》中有关于《吴书》撰写过程的记载，提到在"吴大帝之季年，始命太史孚、郎中峻撰《吴书》"。但丁孚、项峻都不具备写史的能力，所以他们写的文字不足以纪录。

到少帝时，换韦曜、周昭、薛莹、梁广、华覈等人负责了解过去的事，并记录下来。在写作过程中，以韦曜、薛莹为首。后来，韦曜、薛莹因故被罢黜，于是此书没了音信。

再后，又召韦曜、薛莹回来继续写书，最后由韦曜独立完成了五十五卷，但因下狱被杀，未能最后完成。

现今有清王仁俊编辑的《吴书钞》，见《玉函山房辑佚书补编》。

陶母剪发退鱼

◎事不三思终有悔，人能百忍自无忧。——明·冯梦龙

陶侃（259—334年），字士行。江西鄱阳人。晋朝名将。出身寒门，自讨平张昌叛乱开始以其战功一直升迁，最终登上太尉之位，并掌握重兵，都督八州军事并任荆江两州刺史；在势族垄断高位的东晋是一个例外。陶侃不单对东晋的建立与维持在军事上作出贡献，本身亦甚有治绩，治下荆州太平安定，路不拾遗，亦深受人民爱戴。

陶侃的母亲湛氏是一位贤淑仁慈、德行高尚的人。湛氏经常告诫儿子，一定要尽量与品德高尚的人交朋友，学习他们的长处。

陶侃谨记母亲的教诲，结交一些品德高尚的人，并向他们学习。同郡的孝廉范逵是位贤达之士，陶侃对他很仰慕，便与他成了很好的朋友。

一年冬天，范逵因有事去洛阳，同行的还有仆从多人以及马匹牲畜。路经陶家时恰巧天色已晚，便想在陶家借宿。但陶家房屋小又无粮米，当时正下大雪也无法外出借贷，这使陶侃感到很为难，于是，就到里间去问母亲。

陶母听后稍稍考虑了一下对他说："你只管到外面招呼客人，我自有办法。"

等儿子出去后，陶母开始准备：她有一头长而美的头发，此时，她毫不犹豫地剪下托邻人拿到市上卖掉，换了一些米和蔬菜；她把房内的柱子从中间锯开，劈下半边用来烧柴，把床上铺的草苫子拿来切碎给马吃……

　　就这样，她很快地准备好了饭菜和马料，范逵及仆从受到热情的款待，马匹也吃得很饱。事后，范逵知道内情十分感动，他赞叹："这样的母亲实在让我敬佩！"范逵到洛阳后，向一些亲友谈起此事，大家对陶母都称赞不已。

　　不久，陶侃被征聘为寻阳县县吏，做了个管理渔业的小官。

　　一次鱼汛到来，陶侃指挥渔民连夜捕捞，大获丰收。陶侃看着活蹦乱跳的鱼不由得想起了贫困的母亲，于是派人送了罐腌鱼回家。

　　管鱼的官员送点儿鱼回家，这在当时是件很平常的小事，但没有想到第二天，腌鱼被原封不动地退回来了。

　　来人还带来了一封陶母的信，信中说："你身为官员，竟然拿公家的东西送给我，你这样做并不是孝顺我。不但不能使我得到好处，反而增加了我的忧虑！希望你从这件事中汲取教训，以后一定要廉洁奉公，再也不要做这样的事了！"

　　此事对陶侃的震动很大，他时刻牢记这个教训。

　　后来，陶侃从一个小官吏逐步升迁为武昌太守、荆州刺史及都督八州军事等高官，为官期间，他始终廉洁奉公。他带的军队，纪律严明，士气旺盛。行军打仗时，他和士兵们同甘共苦，凡有所获的任何东西，陶侃都分给士卒，自己绝不私藏。

◎故事感悟

　　陶侃受母教诲，深自内省，终于成为有晋以来一代名臣，受到后世的敬仰与赞扬。

◎史海撷英

陶侃惜光阴

　　陶侃在广州任职期间，闲暇时总在早上把白砖运到书房的外边，傍晚又把它们运回书房里。

当人问他为何这样做时，他说："我正在致力于收复中原失地，过分的悠闲安逸，唯恐不能承担大事，所以才使自己辛劳罢了。"

陶侃生性聪慧敏捷，恭敬而有礼。他为官勤恳，军中府中的许多事都是亲自检查管理，不曾有片刻清闲。

他对来往之人招待有序，门前没有停留或等待之人。他常对人说："大禹是圣人，还十分珍惜时间，普通人则更应珍惜分分秒秒的时间，怎么能够游乐纵酒？活着的时候对人没有益处，死后就不会被人记起，这是自己毁自己。"

◎文苑拾萃

《晋书》

《晋书》是唐朝李世民统治时期修撰的一部史书，从贞观二十年（646年）开始编纂，到贞观二十二年（648年）成书，历时不到三年。

该书主要记载了从司马懿开始到晋恭帝元熙二年为止，包括西晋和东晋的历史，并用"载记"的形式兼述了十六国割据政权的兴亡。

《晋书》全书130卷，其中包括帝纪10卷，志20卷，列传70卷，载记30卷。

参加编写《晋书》者前后共21人，其中房玄龄、褚遂良、许敬宗三人为监修；天文、津历、五行三志的作者是李淳风；修史体例由敬播拟订，但没有流传下来；其他16人为令狐德棻、来济、陆元仕、刘子翼、卢承基、李义府、薛元超、上官仪、崔行功、辛丘驭、刘胤之、杨仁卿、李延寿、张文恭、李安期和李怀俨。

由于唐太宗李世民曾给宣帝司马懿、武帝司马炎一纪及陆机、王羲之两传写了四篇史论，所以又题"御撰"。

妻子规劝乐羊子

◎耻不知而不问，终于不知而已；以为不知而必求之，
终能知之矣。——《二程粹言》

乐羊子，姓乐名羊，他的后代"乐毅"就是连下齐国七十二城的那个人，和管仲齐名。

汉朝时候，有个叫乐羊子的人，有一天外出办事的时候，在路上拾到了一块金子，他十分高兴，回家后立刻将金子交给妻子。

没想到妻子并不高兴，她对乐羊子说："我听说有志气的人不喝盗泉的水，廉洁的人不接受别人的施舍。而你却拾取别人遗失的东西来谋求利益，你怎么能这样玷污自己的品行呢！"

乐羊子听了妻子的一席话，十分惭愧。他把金子扔到野外，决心到远方寻师求学。乐羊子跑了很多地方，后来找到一位品学兼优的老师，跟着他学习。

一年之后，乐羊子回家了。妻子问他："你怎么这么快就回来了，有什么事情吗？"

乐羊子说："出门的时间长了，十分想家，就回来了，倒没有别的事。"

妻子听他说因为想家就回来了，非常生气，便拿起剪刀，走到织布机前，指着一匹还没有织完的布说："这布匹是山蚕丝织成的。一根丝虽然很细，但一根一根地积累起来，才到一寸；一寸一寸地积累起来，就会织成一匹布。

现在如果将布剪断，那就半途而废了，即便接起来继续织，也要耽误不少时间，你说是不是？"

乐羊子说："是的。"

妻子接着说："学习也是这个道理啊！学问也是一点一点积累起来的。你在外面拜师学艺，应该每天都学习一些新的知识，并持之以恒，这样才能学有所成。可你半途而废，这与剪断布匹有什么两样呢？"

乐羊子认为妻子的话很有道理，于是背上行李，回到老师那里，整整七年没有回家，直到完成自己的学业。

乐羊子在外求学期间，他的妻子在家辛勤劳动，奉养婆婆。有一次，乐羊子的妹妹看见邻居家的一只母鸡跑到自家菜地来，动了犒劳嫂子的念头。嫂子待她亲如姐妹，为了哥哥的学业整日操劳，一年到头也吃不上几次肉，她很心疼嫂子，于是就偷偷把那只母鸡杀了。

傍晚，乐羊子妻从田里干活回来，看到碗里的鸡肉，很吃惊："妹妹，咱们家的鸡一只也不少，这是哪来的鸡肉啊？"乐羊子的妹妹如实回答了。

乐羊子的妻子语重心长地说："我们虽然穷，但是无论如何也不能拿别人的东西。人家辛辛苦苦养大的鸡，我们怎么能白吃呢？"

说完，她便到自己家的鸡栏里抓了一只最大的母鸡送到邻居家，并向邻居道了歉。

◎故事感悟

　　乐羊子的妻子因为乐羊子路上拾金，而劝慰他不要因此而玷污了自己的德行；因为乐羊子拜师学艺没有持之以恒，而劝诫他不要半途而废；因为乐羊子的妹妹偷偷杀掉邻居的鸡，而主动向邻居道歉。从中可以看出乐羊子的妻子确实是一个良师益友，也让我们知道应该多珍惜身边给你提意见的人。

◎史海撷英

元嘉之治

宋武帝刘裕死后，长子刘义符即位。两年后，刘义符被辅政大臣徐羡之、傅亮、谢晦等人以少理朝政、嬉戏失德为名而杀掉，刘裕三子宜都王刘义隆被立为新帝，史称宋文帝。

宋文帝继续实行刘裕统治时期的治国方略，在东晋义熙土断的基础上清理户籍，下令免除百姓欠政府的"通租宿债"，又实行劝学、发展农业和招贤纳士寻找治国人才等一系列措施，使百姓得以休养生息，社会生产有所发展，经济文化日趋繁荣，使得文帝时期出现"三十年间……民有所系，吏无苟得。家给人足……凡百户之乡，有市之邑，谣舞蹈，触处成群，盖宋世之极盛也"（《宋书·良吏传序》）。

宋文帝元嘉时期（424—453年）是东晋南北朝国力最为强盛的历史时期，史称"元嘉之治"。

◎文苑拾萃

玄 学

"玄"字出于老子《道德经》"玄之又玄，众妙之门"，意为幽深微妙。玄学由汉代道家思想、黄老之学演变发展而来。

东汉末至两晋是200多年的乱世，统治了思想界近400年的正统儒家名教之学开始失去魅力，士大夫对两汉经学的繁琐及三纲五常的陈词滥调普遍感到厌倦，于是转而寻找新的、形而上的哲学思想论辩。

魏晋之际，玄学含义是指立言与行事两个方面，并多以立言玄妙、行事雅远为玄远旷达的境界。"玄远"指远离具体事物，专门讨论"超言绝象"的本体论问题。因此，浮虚、玄虚、玄远之学可通称之为玄学。

　　玄学是对道家的一种思维方式和理念的表达，也可以说玄学是道家的一种分支或改进。玄学是在汉代儒学（经学）衰落的基础上，为弥补儒学不足而产生的。玄学家在当时大多是名士，其代表人物有何晏、王弼、阮籍、嵇康、向秀、郭象等。

颜真卿深省师责

◎敏而好学，不耻下问。——《论语》

> 颜真卿（708—784年），唐代政治家，书法家，字清臣，京兆万年（今陕西西安）人，祖籍琅琊临沂孝悌里（今山东省费县方城诸满村），他的楷书与欧阳询、柳公权、赵孟頫并称"楷书四大家"。

为了学习书法，颜真卿最初向褚遂良学习，后来又拜张旭为师，希望在这位名师的指点下，快速学到写字的窍门。

可颜真卿拜师数月过去了，老师很少给他讲什么，只是将自己写的字和历代名家的字给他，要他反复揣摩，多多练习，用心领会自然万象，从中获得启示。有时，张旭带着颜真卿去游山玩水，回家后又让颜真卿反复练字，或看他挥毫疾书。

颜真卿很失望，实在想不通，便满腹怒气地问老师："我来您这儿拜师学艺好几个月了，您净让我反复揣摩、练习，用心领悟，这些道理我早就知道，我希望您传授给我行笔落墨时的诀窍。"

张旭听了很不高兴，但还是耐心开导他："我常说，我是见公主与担夫争路而察笔法之意，见公孙氏舞剑而得落墨神韵，唯一的诀窍就是勤学苦练，功到自然成。"

颜真卿以为老师的话是推托之词，便抓住老师的衣襟，反复苦求老师告

诉他笔法的诀窍。

张旭怒气冲冲地对颜真卿说:"我告诉你,凡是一心要寻求什么诀窍的人,永远也不会有什么成就。"说完,拂袖而去。

老师的教诲,使颜真卿大受启发,让他真正明白了为学之道。从此以后,他再也不去寻找什么捷径,而是在家勤学苦练,反复揣摩前辈的笔法,把从自然万象中领悟到的神韵融于笔端。

后来,颜真卿终于成为一位大书法家,且为楷书四大书法家之首,独创筋骨的"颜体"新风貌,留下诸多传世书迹,碑刻有《多宝塔碑》、《麻姑仙坛记》、《颜勤礼碑》、《中兴碑》、《李玄靖碑》等,行书有《争座位帖》,书迹有《自书告身》及《祭侄文稿》。后人辑有《颜鲁公文集》。

◎故事感悟

学习是没有捷径的。只有不断地苦练,不断地揣摩,不断地找出自己的不足,才能真正地体会和领悟学习中的真谛。颜真卿受到老师的斥责后,深刻反省是他成功的关键。

◎史海撷英

颜真卿与抚州

唐代宗大历元年(768年),颜真卿因奏宰相元载阻塞言路而遭到贬谪。大历三年,由吉州司马被降职为抚州刺史。他在抚州任职的五年中,看到抚河正道淤塞、支港横溢,便组织百姓修筑土塍陂(后经历代扩修增修成千金陂)以防止洪患;还引水灌溉农田,对临川的农业发展起到了积极的作用。

颜真卿为官清正廉洁,将地方的社会秩序管理得很好。其间有这样一件事:抚州学子杨志坚家贫如洗却嗜学如命,其妻耐不住贫困生活,提出与杨离婚。杨志坚写了一首《送妻诗》以表明自己决意读书、无奈同意离婚的心情。随后，杨妻就将这首诗作为离婚的证据呈给颜真卿。

颜真卿读诗后，非常钦佩杨志坚的苦读精神，对杨妻嫌贫爱富的行为进行责罚，并送给杨志坚布匹、粮食，还将杨留在署中任职。

同时，颜真卿还将《按杨志坚妻求别适判》公诸于众。这则判词对形成临川良好学风、淳朴婚俗风气起到了好的导向作用。

颜真卿在抚州期间，利用业余时间进行创作，大历六年（771年）将所赋诗文编成《临川集》10卷（原集已佚），今存与临川有关的诗1首、判词1篇、碑记5篇，以《抚州南城县麻姑山仙坛记》最为著名。

该记分大、中、小字几种版本，初以小楷本全记刻成石碑竖在麻姑山仙都观内，后人又在碑背面刻了卫夫人、褚遂良、虞世南、欧阳询、薛稷、柳公权、李邕等人的楷书。

该字碑被历代书法家誉为"天下第一楷书"，成为后人临摹的范本。虽然之后几经毁失，但都以其拓本翻刻传世。

1992年，江西著名篆刻家许亦农先生以大字楷书镌刻，重新竖碑于南城麻姑山。

◎文苑拾萃

水堂送诸文士戏赠潘丞联句

（唐）颜真卿

居人未可散，上客须留著。

莫唱阿鼙回，应云夜半乐。

诗教刻烛赋，酒任连盘酌。

从他白眼看，终恋青山郭。

林栖非姓许，寺住那名约。

会异永和年，才同建安作。

何烦问更漏，但遣催弦索。

共说长句能，皆言早归恶。

那知殊出处，还得同笑谑。

雅韵虽暂欢，禅心肯抛却。

一宿同高会，几人归下若。

帘开北陆风，烛焯南枝鹊。

文场苦叩窃，钓渚甘漂泊。

弱质幸见容，菲才诚重诺。

李谟吹笛子

◎谋先事则昌，事先谋则亡。——汉·刘向

> 李谟，生卒年不详，方伎，山东任城（今山东济宁），唐朝宫廷梨园曲部演奏"法曲"的笛技大师，善吹笛，唐朝开元年间出名的神笛手。

唐朝的时候，有个少年叫李谟。他聪明好学，耳朵又灵，吹得一手好笛子。

有一次，皇宫里成立了女子舞蹈队，专门给皇帝表演宫廷歌舞。管理娱乐的大臣发现伴奏的乐队人手不足，就下达了公文，要各地推荐一批乐手进京。李谟也被地方官初步选中了，他星夜兼程赶到京城。

各地的鼓手、琴师齐聚长安会馆，由专管大臣领着他们进入一家园林，就在那里逐一表演各种乐器，以确定最后的人选。

我国南方盛产毛竹，笙箫笛管家家都有，吹笛子的能手一下子来了12人，李谟最年轻，竞争是非常激烈的。

李谟的吹奏水平也不算低。他指法灵活，又懂得滑音变调，便暗下决心，力争头名。

吹奏开始了。他前半曲吹得很好，监考官已经面带微笑了。

不料，正在这时候，一个高音爬上去，"啪啦"一声，笛膜坏了。

笛膜即是芦苇秆内的一层白皮儿，比纸还薄，一点儿也不结实，吹笛子

的人最怕它在半路上出问题。

李谟慌了，当场又不许更换，勉强吹下去，那声音刺耳，难听极了。

最后，监考官一挥手，李谟被淘汰了。

李谟非常后悔，在会馆里哭个没完。

有位年长的吹笛手过来劝解，他说："论指法技法，我没有你的水平高，喷气吐出止气也没有你那么干净利落。不过，你太缺乏经验了。"

"请讲下去。"李谟注意听了。

"你知道，长江以南多雨，空气潮湿，苇膜容易吸水变松，所以贴膜时越紧越好。可是北方气候干燥，今日又是北风天，苇膜变干，绷得过紧，气一顶必然爆裂。"李谟听后哭得更厉害了。

李谟回到家乡，因悲伤得了一场大病。病好后不久，忽有地方官员来寻，说奉圣旨，命他火速进京。

李谟二次到京，才知道原有的吹笛手因为患了眼疾被撤掉了。李谟一下子成了皇宫乐队的正式乐工，非常高兴。有一次，他的笛声悠扬婉转，飘逸在一切声音之上，竟意外地受到了皇帝的奖赏。

在那个时代，皇帝亲口称赞过的人，可是特别荣耀啊！李谟因此骄傲起来，有点瞧不起别人了。

有一年，他休假探亲，乘船经过镜湖。只见山清水秀，景色宜人，心中好不畅快。船上的乘客不少，他一时来了兴致，就取出横笛，吹了一首《凉州曲》。曲子刚一煞尾，乘客们便鼓掌喝彩，为他叫好。

他心满意足，又吹了一首《苏武牧羊》。嘿，那股凄凉悲怆的绵绵思乡之情，真是催人泪下呀！

大家又一次喝彩。不过，船上有位老者却不吭声。有人不解，试探地问那老者："他吹得如何？您恐怕没有听见吧？"

老者捻须一笑："我的耳朵又没聋，怎么会听不见？好是好，不过功夫还不到家。"

李谟一听，忙起身对老者施礼，说："老伯也来吹一曲吧！"

老者说："可惜不巧，身边没有带上竹笛。"

"就请用我这一支吧。"

"不成，你这根竹管未经过三次霜降，很不结实，吹到高亢之处会坏的。"

李谟想：我这笛子用了多年，不曾坏损，这位老伯没摸到笛子，倒先吹开牛皮了。好，我就叫你吹，看你有多大本领。他非要人家吹奏不可。

老者接过短笛，深吸一口气，开始吹奏。不比较不知道，这声音有如高山流水，又似空谷鸟音，那音质就是与众不同。李谟刚要表示叹服，忽听"咔嚓"一声，笛管碎裂了。

李谟惊呆了。老者连说："失敬失敬。"

李谟翻身下跪："不才从此再不敢目中无人，请您做我的老师吧！"

后来，经那位老者亲传密授，李谟终于成了一名非常出色的笛子演奏家。

◎故事感悟

老者用自己的演奏给李谟上了一课，让李谟深深反思，从此李谟再也没有目中无人，并屈身向老者请教学习。可见，接受别人的劝诫对自己是多么有帮助。

◎史海撷英

安北都护府

都护府是唐朝管理北方边疆的重要机构，安北都护府是唐朝重要的六个都护府之一，所辖地区范围基本是今蒙古国和俄罗斯境内，属关内道。

贞观二十年（646年）唐击败了薛延陀后，铁勒等诸部内附。第二年（647年）正月，设置了"六府七州"，即瀚海（回纥部）、燕然（多滥葛部）、金微（仆骨部）、幽陵（拔野古部）、龟林（同罗部）、卢山（思结部）六个都督府；以及皋兰州（浑部）、高阙州（斛薛部）、鸡鹿州（奚结部）、鸡田州（阿跌部）、榆溪州（契苾部）、

林州（思结别部）、颜（白部）七州，各以部帅为都督、刺史，后又设燕然都护府统之。

八月，铁勒诸部中最远的骨利部来附，被置为玄阙州。

后来又在结骨、葛逻禄诸部设置了坚昆、阴山、大漠、玄池四个都督府和浑河州、狼山州等都督府和州，均归燕然都护府统领。

都护府治故单于台（今内蒙古杭锦后旗东北乌加河北），辖境相当于今内蒙古乌加河以北、蒙古人民共和国全部、俄罗斯额尔齐斯河、叶尼塞河上游和安加拉河、贝加尔湖周围地区。

龙朔三年（663年），都护府移于漠北回纥本部，统治今蒙古的哈尔和林西北，改名瀚海都护府，与云中都护府以碛为界，领碛北诸羁縻府州。总章二年（669年）改为安北都护府。

高宗末年安北都护府被废。武后时，回纥、契骨、思结、浑等部于685年被侨置在同城（今内蒙古额济纳旗东南）的安北都护府，不久又移至西安城（今甘肃民乐西北）；698年，迁至单于都护府旧治云中古城（今内蒙古和林格尔西北土城子）；708年，移至治西（今内蒙古乌拉特中后旗西南乌加河北）；715年，移至中受降城（今内蒙古包头西南黄河北岸）；749年，又移至横塞军（今内蒙古乌拉特中后旗西南阴山南麓），由军使兼理府事；755年，又移至大安军（乾元后改名天德军，今内蒙古乌拉特前旗东北乌加河东）；757年，改名镇北都护府。会昌年间，又改单于都护府为安北都护府。

◎文苑拾萃

连昌宫词

（唐）元稹

连昌宫中满宫竹，岁久无人森似束。

又有墙头千叶桃，风动落花红簌簌。

宫边老人为予泣，小年进食曾因入。

上皇正在望仙楼，太真同凭阑干立。

楼上楼前尽珠翠，炫转荧煌照天地。

归来如梦复如痴，何暇备言宫里事。

初过寒食一百六，店舍无烟宫树绿。

夜半月高弦索鸣，贺老琵琶定场屋。

力士传呼觅念奴，念奴潜伴诸郎宿。

须臾觅得又连催，特敕街中许然烛。

春娇满眼睡红绡，掠削云鬟旋装束。

飞上九天歌一声，二十五郎吹管逐。

逡巡大遍凉州彻，色色龟兹轰录续。

李谟撅笛傍宫墙，偷得新翻数般曲。

平明大驾发行宫，万人鼓舞途路中。

百官队仗避岐薛，杨氏诸姨车斗风。

明年十月东都破，御路犹存禄山过。

驱令供顿不敢藏，万姓无声泪潜堕。

两京定后六七年，却寻家舍行宫前。

庄园烧尽有枯井，行宫门闭树宛然。

尔后相传六皇帝，不到离宫门久闭。

往来年少说长安，玄武楼成花萼废。

去年敕使因斫竹，偶值门开暂相逐。

荆榛栉比塞池塘，狐兔骄痴缘树木。

舞榭欹倾基尚在，文窗窈窕纱犹绿。

尘埋粉壁旧花钿，乌啄风筝碎珠玉。

上皇偏爱临砌花，依然御榻临阶斜。

蛇出燕巢盘斗栱，菌生香案正当衙。

寝殿相连端正楼，太真梳洗楼上头。

晨光未出帘影动，至今反挂珊瑚钩。

指似傍人因恸哭，却出宫门泪相续。

自从此后还闭门，夜夜狐狸上门屋。

我闻此语心骨悲，太平谁致乱者谁。

翁言野父何分别，耳闻眼见为君说。

姚崇宋璟作相公，劝谏上皇言语切。

燮理阴阳禾黍丰，调和中外无兵戎。

长官清平太守好，拣选皆言由相公。

开元之末姚宋死，朝廷渐渐由妃子。

禄山宫里养作儿，虢国门前闹如市。

弄权宰相不记名，依稀忆得杨与李。

庙谟颠倒四海摇，五十年来作疮痏。

今皇神圣丞相明，诏书才下吴蜀平。

官军又取淮西贼，此贼亦除天下宁。

年年耕种宫前道，今年不遣子孙耕。

老翁此意深望幸，努力庙谟休用兵。

ZHONGHUACHUANTONGMEIDEBAIZIJING

中华传统美德百字经

省·善于自省

第二篇

敢于自省

齐桓公喂蚊

◎话休不想就说，事休不思就干。——明·吕坤

齐桓公（？—前643年），春秋时代齐国第十五位国君，姜姓，齐氏，名小白。齐僖公的儿子、齐襄公的弟弟。春秋五霸之首。齐襄公和齐君无知相继死于内乱后，小白与公子纠争位成功，即国君位为齐桓公。桓公任管仲为相，推行改革，实行军政合一、兵民合一的制度，齐国逐渐强盛。桓公于公元前681年在甄（今山东鄄城）召集宋、陈等四国诸侯会盟，齐桓公是历史上第一个充当盟主的诸侯。当时中原华夏各诸侯苦于戎狄等部落的攻击，于是齐桓公打出"尊王攘夷"的旗号，北击山戎，南伐楚国，桓公成为中原霸主，受到周天子赏赐。桓公晚年昏庸，信用易牙、竖刁等小人，最终在内乱中饿死。

《春秋左传》里记载过这样一个故事：

齐桓公在柏寝台里睡觉，他对相国管仲说："我们齐国国家富强，百姓生活也富裕，我没有什么忧虑。但有一件事令我忧心忡忡，你看现在蚊子嗡嗡地叫，它们没有吃饱，我忧虑这个。"

说完，他拉开纱帐放蚊子进去。这些蚊子里有的没叮咬桓公而是飞开了；有的蚊子知道知足，叮了桓公一口便飞走了；但有的却贪得无厌不知足，停在桓公身上叮咬，直到它吮吸得肠肚胀破。

看到这种状况，桓公不无感慨地说："哎！老百姓不也是这样吗？"

于是，他发布命令，要齐国制定戒令：在丰衣足食的情况下，杜绝铺张浪费，劝告百姓不要大吃大喝，不要过分追求绫罗绸缎等华丽装饰。

从此，齐国的勤俭节约习惯蔚然成风。

◎故事感悟

通过被蚊子叮咬，桓公意识到治理国家如同被蚊虫叮咬一样。从而发布了命令，提倡勤俭节约，杜绝铺张浪费，大吃大喝。身为一国之君，能从小事上自我反省，实在是让人佩服。

◎史海撷英

尊王攘夷

齐桓公执政以后，在管仲的辅佐下，在内政、经济、军事等多方面进行了有效的改革措施，使国力有所增强，物质基础和军事实力都得到很大提高。

为了达到称霸目的，齐桓公此时打出了"尊王攘夷"的旗帜，"挟天子以令诸侯"，即以诸侯长的身份，挟持周天子，冒名天子的指令去讨伐不服从他的诸侯国。

"尊王"，即尊崇周王的权力，维护周王朝的宗法制度。公元前655年，周惠王有另立太子的意图。齐桓公便召集诸侯国君在"首止"与周天子会盟，以确定太子的正统地位。

次年，齐桓公因郑文公没参加"首止"的聚会，便率联军讨伐郑国。几年后，齐桓公率多国国君与周襄王派来的大夫会盟，确立了周襄王的王位。

公元前651年，齐桓公召集鲁、宋、曹等国国君及周王宰孔在葵丘聚会，周公宰代表周王正式封齐桓公为诸侯长。

同年秋，齐桓公以霸主身份主持了葵丘之盟。此后，凡有侵犯周王室权威的事，齐桓公都可以过问并处理。

"攘夷"，即对游牧于长城外的戎、狄和南方楚国等国，对中原诸侯各国的侵扰而进行抵御。

公元前664年，山戎伐燕国，齐军出救。公元前661年，狄人攻邢，齐桓公率兵援救，打退了来犯狄兵，并在夷仪为邢国建立了新都。次年，狄人大举攻卫，卫懿公被杀，齐桓公又率诸侯国替卫国在楚丘另建新都。

　　齐桓公还对楚国一再北侵进行了回击，到公元前655年，联军伐楚，伐楚之举抑制了楚国北侵，保护了中原诸国的利益。

　　此次的征讨，迫使楚国同意向周王室进贡，楚国还表示愿加入齐桓公为首的联盟，听从齐国指挥，这就是历史上有名的"召陵之盟"。

　　齐桓公实行的"尊王攘夷"政策，不仅使其霸业合法合理，同时，也保护了中原经济和文化的发展，为中华文明的存续作出了巨大贡献。

◎文苑拾萃

春秋战国门·齐桓公

（唐）周昙

三往何劳万乘君，五来方见一微臣。

微臣傲爵能轻主，霸主如何敢傲人。

赵简子涕泣

◎为学之道，必本于思。思则得知，不思则不得也。——宋 · 晁说之

> 赵鞅（？—前475年），春秋时期晋国赵氏的领袖，原名赵鞅，又名志父，亦称赵孟。《赵氏孤儿》中的孤儿赵武之孙。晋昭公时，公族弱，大夫势力强，赵简子为大夫，专国事，致力于改革，为后世魏文侯李悝变法、秦孝公商鞅变法和赵武灵王改革，首开先河。与其子赵无恤（即赵襄子）并称"简襄之烈"。

春秋时期，赵简子有个家臣名叫周舍，是一个刚正不阿的人。

有一次，他有事找赵简子，可赵简子嫌他卑微，不肯接见他，于是，他就在赵简子的门前站了三天三夜，不肯离去。

赵简子派人问他："你有什么事要见我？"

周舍说："我要做一个正直敢言的家臣，笔上蘸饱墨汁，手拿简牍，跟在您的身后，观察到您的过错就记录下来。每天都有记录，每月都有成果，一年以后就能见到实效。"

在我国古代，历朝历代都设置史官的制度，帝王的一言一行，史官都随时记录，然后作为秘密档案封存起来，作为后世修史的资料，帝王在世时无权阅读。由于害怕被后世称为昏君，所以帝王都注意自己的一言一行。

赵简子知道周舍要效法古代史官，记录自己的言行，觉得能促使自己成为明君英主，也没有什么不好，于是便同意了周舍的请求。

从此以后，赵简子在宫廷内或外出，都与周舍在一起，而周舍也跟在赵简子后面形影不离，随时记录赵简子的一言一行。

但是没过多久，周舍就死了，赵简子难过得就像死了儿子一样伤心。

后来，有一次，赵简子与众大夫在洪波台喝酒，喝到兴致正浓的时候，赵简子突然流泪哭泣起来。

众大夫都很惊讶，他们离开了席位，向赵简子请罪说："不知某等所犯何罪，使主公伤心了，还请主公明示。"

赵简子说："诸位大夫都没有罪。"

众大夫更加莫名其妙，又问："我们既然没有罪，那主公是有什么烦心事？或者是别的国家侵犯我国？可是不对呀，并没有任何国家侵犯我国呀！究竟是谁得罪了主君呢？不妨说说，我们也好为您分忧！"

赵简子说："我想起我朋友周舍说过的话，不由得暗自悲伤起来。"

众大夫问："周舍说了什么？"

赵简子便把周舍的话重复了一遍："千张羊皮不如一只狐狸腋下的毛皮值钱，众人随声附和不如一个正直之士刚直不阿有益。从前，商纣王由于大臣沉默不语而使商朝灭亡，周武王由于有刚直不阿的大臣而使周朝兴盛。"

然后，赵简子又说："自从周舍死了以后，我再没有听到谁批评我的过错了。我大概离灭亡不远了，因此我就流泪哭泣起来。"

众大夫听了都感到很惭愧。

◎故事感悟

有远见的政治家应该学会听到不同的意见，接受别人对自己的批评，不能被随声附和的人所包围。赵简子的自省，使他成为同时代卓有成就的著名人物。

◎史海撷英

舍车保帅

赵鞅对荀跞的意见执意不从，严重侵害到梁婴父的利益。梁婴父便对荀跞私下说："赵鞅的势力壮大得这么快是因董安于辅佐。如果不杀董安于，还让他为赵氏出谋划策主持一切，终有一天赵氏会得到晋国，为何不借口董安于先发起战祸之名去责备赵鞅？"

荀跞采纳梁婴父建议，派人转告赵鞅："士吉射、荀寅确实发动了叛乱，但终究还是董安于挑起。晋国的法律早有规定：率先发动祸乱的人必须处死。如今范氏、中行氏已经服罪，请您看着办吧！"

此时，赵鞅已六神无主，深恐赵氏成为众矢之的，又自觉愧对于董安于的赤诚。

事情僵持到此，董安于却慷慨地开导赵鞅说："如果我死换来晋国安定，赵氏得到安宁，那我还有必要继续活下去吗？人生谁无死，我董安于之死已来的很晚了！"

说罢，他就转身上吊自尽。

董安于已将自己的生命交与赵氏，诠释着"士为知己者死"！

◎文苑拾萃

《竹书纪年》

《竹书纪年》记载了自夏商周至战国时期的历史，相传为战国时魏国史官所作，据《晋书·卷五十一》可知原书 13 篇。

《竹书纪年》是编年体史书，与传统正史记载多有不同，对研究先秦史有很高的史料价值，《竹书纪年》又与近年长沙马王堆汉初古墓所出古书近似，而《竹书纪年》的诸多记载也同甲骨文、青铜铭文相类似。

《竹书纪年》自西晋时期出土后，先后经晋人荀勖、和峤考订释义的"初释本"，卫恒、束皙考正整理的"考证本"，宋、明时期的"今本"以及清代的"古本"。

原文竹简早亡佚，初释本、考证本也渐渐散佚，今本曾被清代儒者斥为伪书。现较为精准的是方诗铭的《古本竹书纪年辑证》。

范蠡自省散金

◎思心一至, 不闻雷霆。——魏·刘劭

范蠡(生卒年不详), 字少伯, 又名鸱夷子皮或陶朱公, 生卒年不详。以经商致富, 广为世人所知, 后代许多生意人皆供奉他的塑像, 称之财神。春秋楚国宛地三户邑(今河南南阳淅川县大石桥乡至寺湾镇间)人, 是历史上早期著名的政治家、军事家和经济学家。他出身贫寒, 但聪敏睿智、胸藏韬略, 年轻时, 就学富五车, 上晓天文、下识地理, 满腹经纶, 文韬武略, 无所不精。然纵有圣人之资, 在当时贵胄专权、政治紊乱的楚国, 范蠡却不为世人所识。著作有《计然篇》《陶朱公生意经》等。

范蠡, 春秋时期越国大臣。范蠡辅佐越王勾践打败了死敌吴国, 帮助越国成为了春秋末期的霸主。

此后, 范蠡辞官不做, 来到了东海之滨。他带着家人开垦良田, 没过多久就积蓄了数十万的财产。齐国人听说范蠡如此能干, 请他出来做官。

范蠡感叹地说:"我在越国做官已经做到了卿相, 现在经营种地又得到千金, 这已经是布衣出身之人最高的境界了。如果沉迷于享受之中, 而不能遏制自己的贪欲, 恐怕灾祸就要降临了。"

于是, 范蠡婉拒了齐国人的邀请。他将自己的财产分给附近的穷人, 只带一些生活必需品悄悄地离开了海边。

此后, 范蠡又来到了陶(今山东淄博)这个地方。当时齐国商业繁荣, 临淄已经成为了天下的商业枢纽, 南边的楚国, 西边的秦国都有不少商人来到临淄做生意。

范蠡通过观察，发现在这里经商是最佳的选择，于是，他就在陶地住了下来，自称朱公，人们都称他为陶朱公。

范蠡经营的门类非常广，除了进行农牧业生产外，他还从事货物流通活动。尽管有不少生意都是一本万利的买卖，但范蠡坚持每笔生意只谋取十分之一的利润，而将多余的利润让给生意伙伴。

凭借着公道的生意原则和良好的信誉，范蠡很快又积累了数百万的财富，天下人都知道陶地有个陶朱公，富甲天下。

此时的范蠡并没有得意忘形，他把自己的财产分成多份，除了家里人的开销外，其他的部分都用来接济贫困的朋友和同乡，他的仁义之名也传遍了整个齐国。

◎故事感悟

范蠡深深知道不能沉迷于享受，不然会遏制不住自己的贪念和欲望。这也是自我反省的一个方面，并为自己赢得了千古声誉。

◎史海撷英

三聚三散

春秋时期，范蠡极力辅佐越王勾践，终使越国复兴，越王封范蠡为上将军。范蠡知道勾践的为人，是可共患难而不能共富贵，于是呈上辞书，放弃了高官厚禄，只带少量珠宝乘舟远行。这是"一聚一散"。

范蠡辞行后来到齐国，更名改姓，耕于海畔，没几年便积产数十万。齐国人仰慕他的贤能，请他做宰相。

范蠡说："居家则至千金，居官则至卿相，此布衣之极也。久受尊名，不祥。"于是，归还宰相印，将家财分给乡邻，再次隐去。这是"二聚二散"。

　　范蠡行至陶，看此地为贸易要道，于是，他自称陶朱公留下来，开始经营贸易，不久就累财千万。

　　后来，范蠡二儿子因杀人被囚禁在楚国。范蠡说："杀人偿命，该是如此，但我的儿子不该死于大庭广众之下。"于是，派小儿子带上一牛车的黄金前去探视。但大儿子坚持要替弟弟去，范蠡只好同意。

　　不久，大儿子带着二儿子的死讯回来。家人都感到悲哀，唯有范蠡独笑，说："我早就知道二儿子会被处死，不是长子不爱弟弟，是有所不能忍啊！大儿子从小与我在一起，知道为生的艰难，不忍舍弃钱财。而小儿子生在家道富裕之时，不知财富来之不易，很容易弃财。我先前决定派小儿子去，就是因为他能舍弃钱财而长子不能。二儿子被杀是情理中的事，无足悲哀。"这可谓"三聚三散"。

　　也许正是因为范蠡的这"三聚三散"，后人才把他尊为财神吧。

◎文苑拾萃

陶朱公生意经

范蠡（疑后人所托）

生意要勤快，懒惰百事废。

用度要节俭，奢华钱财竭。

价格要证明，含糊争执多。

赊欠要证人，滥欠血本亏。

货物要面验，滥入质价减。

出入要谦慎，潦草错误多。

用人要方正，歪斜托付难。

优劣要细分，混淆耗用大。

货物要修正，散漫查点难。

期限要约定，马虎失信用。

买卖要随时，拖延失良机。

钱财要明慎，糊涂弊端生。

临事要尽责，委托受害大。

账目要稽查，懈怠资本滞。

接纳要谦和，暴躁交易少。

主心要宁静，妄动误事多。

说话要规矩，浮躁失事多。

工作要精细，粗糙出劣品。

痛改前非的孟轲

◎学而不思则罔，思而不学则殆。——《论语》

> 孟子（约公元前372—前289年），名轲，字子舆。战国时代邹（今山东邹县）人。又字子车、子居。孟子与孔子合称"孔孟"，孔子是至圣，孟子是亚圣。著名思想家、教育家、政治家，战国时期儒家代表人物。

孟轲的妈妈十分看重对孩子的教育，虽然家中生活贫困，但仍然想办法把他送到学堂去学习。刚进学堂时，孟轲学习很用功，时间长了，他便不好好学习了。

一天，孟轲趁老师不注意，偷偷跑回了家，正在织布的母亲非常生气，随手拿起桌子上的剪刀，把织机上织好的布匹剪断了。

孟轲见妈妈十分生气，吓得不知如何是好。妈妈严厉地问："这断了的布还有用吗？"

"没有用。"孟轲低着头小声回答。

妈妈说："你不好好学习，将来也会像这断了的布匹，成为没有用的废物！"说完妈妈伤心地哭起来。

孟轲看着伤心的妈妈，又看看被剪断的布匹，恍然大悟，"扑通"一下跪在妈妈面前说："妈妈，我错了！您别哭了，我以后再也不逃学了。"

从此，孟轲认真学习，长大后成了一位有学问的人。

◎故事感悟

孟母断织这个故事告诉我们，只有让孩子自己去醒悟、去反思，才能让他的思想从根本上发生改变，从而彻底改掉以前的不良习惯。

◎史海撷英

缘木求鱼

春秋时期，一天齐宣王与孟子相谈时，对孟子说："不，对此我有什么痛快的呢？我想借此来实现我最大的心愿。"

孟子问："大王最大的心愿可以说给我听听吗？"

宣王笑而不答。

孟子问："是因为肥美甘甜的食物不够口腹享受吗？轻软温暖的衣服不够身体穿着吗？艳丽的色彩不够眼睛观赏吗？美妙的音乐不够耳朵聆听吗？左右的侍从不够使唤吗？这些，大王的臣下都足以供给，大王难道是为了这些吗？"

宣王说："不，我不为这些。"

孟子说："那么，大王最大的心愿可以知道了，就是想扩张疆土，使秦国楚国来朝拜，君临中原，安抚四周的民族。（不过，）凭您的做法去追求实现您的心愿，真好比是爬上树去捉鱼一样。"

宣王说："有这么严重吗？"

孟子说："只怕比这还严重呢！上树捉鱼，虽然捉不到鱼，不会有后患。按您的做法去实现您的心愿，费尽心力去做了，到头来必定有灾祸。"

宣王问："（道理）能说给我听听吗？"

孟子说："邹国跟楚国打仗，大王认为谁会获胜？"

宣王说："楚国胜。"

孟子说："是这样，小的一方本来不可以同大的一方敌对，人少的本来不可以同人多的敌对，势力弱的本来不可以同势力强的敌对。天下千里见方的地方有九块，齐国的土地截长补短凑集在一起，占有其中的一块。靠这一块地方去征服其他八块地方，这同邹国跟楚国打仗有什么两样呢？（大王）何不回到（行仁政）这根本上来呢？如果现在大王发布政令，施行仁政，使得天下做官的人都想到大王的朝廷里任职，农夫都想到大王的田野里耕作，商人都想到大王的市场上做买卖，旅客都想从大王的道路上来往，各国痛恨他们国君的人都想跑来向您诉说。果真做到这样，谁能阻挡大王统一天下？"

◎文苑拾萃

天时不如地利

孟子曰："天时不如地利，地利不如人和。"

三里之城，七里之郭，环而攻之而不胜。夫环而攻之，必有得天时者矣；然而不胜者，是天时不如地利也。

城非不高也，池非不深也，兵革非不坚利也，米粟非不多也，委而去之，是地利不如人和也。

故曰，域民不以封疆之界，固国不以山溪之险，威天下不以兵革之利。得道者多助，失道者寡助；寡助之至，亲戚畔之；多助之至，天下顺之。以天下之所顺，攻亲戚之所畔，故君子有不战，战必胜矣。

曾子三省吾身

◎始于思，终于无思，非不思也，不待思也。——宋·罗大经

> 曾子（公元前505—前436年），名参，字子舆，春秋末期鲁国南武城（今山东省平邑县）人，儒家主要代表人物之一，孔子的弟子，世称"曾子"，"宗圣"。曾提出"吾日三省吾身"的修养方法，相传他著述有《大学》《孝经》等儒家经典，后世儒家尊他为"宗圣"。同时，他亦为《二十四孝》中"啮指痛心"的主角。在山东省济宁市嘉祥县南建有曾子庙、曾林（曾子墓）。

曾子与父曾点（字皙）俱为孔子弟子，以至孝闻名于当世。

曾子资性纯朴厚实，"孔子以为能通孝道，故受之业"，并根据他的特点循循善诱之。传说有一次，曾子在瓜田锄草误把瓜根锄断了，曾点大怒，拿过棍子就打，差点把他打死。但他苏醒过来，就鼓瑟而歌，没有一点怨恨情绪。

孔子知道了这件事，对弟子们说：曾参来，不要让他进门。打得轻一些可以接受，打得那么重就应该跑。曾子这样不分青红皂白地挨重责，是把他的父亲陷于不义的地位，这哪能算是孝呢？

曾参听说了孔子的话，登门谢过，表示今后一定要全面理解孝的实质。

曾子对自己的要求非常严格，他说："吾日三省吾身：为人谋而不忠乎？与朋友交而不信乎？传不习乎？"

"三"，是多次的意思。曾子每天多次地自我反省，自觉地检查自己的缺点和不足，以是克非，以正克邪，所以他对孔子的学说理解得特别深透。

一次，孔子对他说："参乎，吾道一以贯之。"曾子点头称是。

后来别人问他：夫子指的是什么意思？曾子说："夫子之道，忠恕而已矣。"

曾子对孔子的学说理解深透，并时常有所发挥。记载孔子言行的《论语》中有不少曾子的语录。如：

慎终追远，民德归厚矣。

以能问于不能，以多问于寡，有若无，实若虚，犯而不较。

士不可以不弘毅。任重而道远，仁以为己任，不亦重乎？死而后已，不亦远乎！

也正因为如此，曾子虽然较孔子小很多岁，但非常受人尊敬。相传《大学》即曾子所作。孔子死后，曾参以儒家人物的代表授业给孔子的孙子子思，子思门人又授业给孟子。

孟子把孔子的学说发扬光大，使儒学成为孔孟之道，被称为"亚圣"。曾子因为对孔子学说有承先启后、继往开来之功，被称为"宗圣"。

◎故事感悟

曾子每天都要自我反省，检查自己的不足，这样以是克非、以正克邪的做事方式，促使他将孔子的儒学思想发扬光大，也是造就他后来成为"宗圣"的主要原因。

◎史海撷英

耘瓜受杖

当太阳从山林冉冉升起时，农夫们开始荷锄下地。

曾参荷锄跟在父亲曾皙身后，来到山脚下瓜地里。瓜苗一片葱绿，十分苗壮。

曾皙对曾参说："参儿，锄地下锄要稳，拉锄要匀，切勿忙手忙脚。"说着便做起示范。

曾参用心学习，小心翼翼地耘着瓜田。曾皙老当益壮，遥遥领先。曾参因初学乍练，手脚生疏，远远落在后面，他想奋力追赶，但稍一不慎把一棵肥壮的瓜苗锄掉了。

曾晳回头一看，十分生气，声色俱厉地顺手拿起木杖就打曾参，他不但没有逃避，反而顺从地趴倒在地，任凭父亲责打。

曾母听说儿子挨打了，急忙跑到田间，抱住儿子痛哭道："参儿受苦了！参儿受苦了！"

曾参忍住疼痛对母亲说："请母亲不要难过，爹爹是在教训孩儿，是我惹爹爹生气了。"

曾晳渐渐息怒，回家后也担心打伤了儿子，便悄悄到书房门前偷偷观看曾参，曾参知道父亲过来了，便忍住肉体的痛苦抚琴而歌。曾晳看后才放心，回到自己屋里。

◎文苑拾萃

曾子名言

曾子曰："士不可以不弘毅，任重而道远。仁以为己任，不亦重乎？死而后已，不亦远乎？"

曾子有疾，孟敬子问之，曾子言曰："鸟之将死，其鸣也哀，人之将死，其言也善。君子所贵乎道者三：动容貌，斯远暴慢矣；正颜色，斯近信矣；出辞气，斯远鄙悖矣。笾豆之事，则有司存。"

曾子曰："以能问于不能，以多问于寡，有若无，实若虚，犯而不校，昔者吾友，尝从事于斯矣！"

曾子曰："可以托六尺之孤，可以寄百里之命，临大节而不可夺也，君子人与？君子人也。"

曾子曰："君子以文会友，以友辅仁。"

曾子曰："吾闻诸夫子：人未有自致者也，必也亲丧乎？"

曾子曰："吾闻诸夫子：孟庄子之孝也，其他可能也，其不改父之臣，与父之政，是难能也。"

廉颇负荆请罪

◎有则改之，无则加勉。——朱熹

蔺相如（公元前329—前259年），战国时赵国上卿，今山西柳林孟门人，一说山西古县蔺子坪人，官至上卿，赵国宦官头目缪贤的家臣，战国时期著名的政治家、外交家。

战国时，赵惠文王因蔺相如办外交有功，拜蔺相如为上卿，官位在大将廉颇之上。廉颇因此心中不快，扬言要当面侮辱蔺相如。蔺相如知道后，他不愿与廉颇争位次，便处处避让廉颇，上朝时假称有病以此回避与廉颇碰面。

有一次，蔺相如乘车外出，远远望见廉颇骑着高头大马迎面而来，急忙叫手下人把车赶到小巷里避开。蔺相如的门客们以为他害怕廉颇，非常生气。

蔺相如对他们解释说："依你们看来，是廉将军厉害呢，还是秦王厉害呢？"

门客们说："当然是秦王厉害了。"

蔺相如说："对呀，秦王这样的威严，我能在朝堂上斥责他，侮辱他的臣子们，难道我是独怕一个廉将军吗？我想，强暴的秦国之所以不敢对赵国用兵，正是因为有廉将军和我两个人同在。如果两个老虎搏斗起来，定不能一起生存，这正合秦国的心意。我对廉将军一再退让，正是以国家利益为重，把私人恩怨的小事抛在脑后啊！"

蔺相如的话使门客们和手下很感动。蔺相如手下的人也学蔺相如，对廉颇手下的人处处谦让。

此事传到廉颇耳中，廉颇为蔺相如的宽大胸怀所感动，对自己言行十分惭愧。于是，他"负荆请罪"，脱掉上衣在背上绑了一根荆杖，请人领他到蔺相如家请罪，并诚恳地说："我是个粗陋浅薄之人，真想不到丞相对我如此宽容。"

蔺相如见廉颇态度真诚，便亲自解下他背上的荆杖，请他入坐，两人坦诚畅叙，从此誓同生死，成为至交。

◎故事感悟

廉颇因自省而促使赵国将相和，使国家强大，强秦不敢东向。善于反思的力量真是大呀!

◎史海撷英

廉颇老矣，尚能饭否?

廉颇任相国共有六七年，其间，多次率兵击退入侵敌军。公元前245年，廉颇带兵攻取了魏地繁阳(今河南内黄县西北)，表明了赵国国力有所恢复。

当廉颇从长平免职回家失去权势后，以前的门客离他而去，等他再被重用为将军，门客们又都聚拢回来。

廉颇很感慨，逐门客走，门客们说：这没什么奇怪啊，现在交友也是以市场的买卖方式，您有权势我们就跟随您，您没权势了我们就离开。这是买卖常理，有什么可埋怨的?

秦始皇二年(公元前245年)，赵孝成王死，其子赵悼襄王继位。襄王听信奸臣郭开的谗言，解除了廉颇的军职，派乐乘代替。廉颇因受排挤而愤怒，起兵攻打乐乘，乐乘逃走。

于是，廉颇离开赵国投奔魏国大梁(今河南省开封市)，魏王虽收留了他但并不信任和重用他。

赵国因多次被秦军围困犯难，赵王想再用廉颇，于是派宦官唐玖带一副名贵的盔甲和四匹快马到大梁慰问廉颇。廉颇也想再回赵国效力，但郭开唯恐廉颇得势，在暗中给了唐玖很多金钱，让他说廉颇的坏话。

唐玖见到廉颇，廉颇当着他的面一顿饭吃了一斗米、十斤肉，还披甲上马表示自己老当益壮。但唐玖回来却向赵王报告说："廉将军虽然老了，但饭量还很好，可是和我坐在一起不多时就拉了三次屎。"

赵王认为廉颇老了，就没任用他，廉颇从此再没得到为赵国效力的机会。

楚国听说廉颇在魏国，暗中派人接他来楚。但廉颇担任楚将后，没立什么战功。他说："我是赵国人。"流露出对祖国的眷恋。但赵国终究未重新启用他，使这位为赵国作出过重大贡献的一代名将最终客死他乡。十几年后，赵国被秦国灭亡。

廉颇的陵墓在今安徽省寿县城北7公里的八公山之放牛山西南坡上，墓面西，周长30米，西临淮河，南北东三面环山。

◎文苑拾萃

《赵世家》

《赵世家》出自《史记卷四十三·赵世家第十三》，作者司马迁。

本篇主要讲述了"战国七雄"之一的赵国数百年的兴亡史。赵人的先祖是华夏族的一支，国君为嬴姓，赵氏。公元前403年，韩、赵、魏三家分晋，周威烈王封赵烈侯赵籍为诸侯立国。

赵国先后在晋阳（今山西太原）、中牟（今河南鹤壁）和邯郸建都。公元前222年，灭于秦国。

刘玄德屡败思良才

◎有过是一过，不肯认过，又是一过。——明·吕坤

刘备（161—223年），字玄德，东汉末年涿郡涿县（今河北省保定市涿州市）人，三国时期蜀汉开国皇帝，谥号"昭烈皇帝"，史家又称为"先主"。

刘备屯居新野小县后，暗地积累力量，想趁时而动。新野太小，对于有天下雄心的刘备来讲，根本不足一提。在新野驻扎下来后，生活逐渐稳定，刘备的斗志有消蚀之意，为此他暗自警心。

某年新春，刘表在襄阳宴请刘备，刘备有几分醉意，感到自己壮志难酬，慨叹不已。刘表问为何感叹，刘备答道："吾常身不离鞍，髀肉皆消。今不复骑，髀里肉生。日月若驰，老将至矣，而功业不建，是以悲耳。"

刘表听了心头一震，对心怀大志的刘备更加忌忡。同席的蔡瑁觉得刘备此话叛心已明，建议刘表杀刘备以防日后之患。

刘备觉察到蔡瑁等人的阴谋，离席而走，刘表下令让蔡瑁追杀。刘备逃至襄阳城西的檀溪，檀溪水宽，刘备顺水走了很远，没有找到过水之处，又见追兵已近，只得将坐骑"的卢"后退半里，然后策马狂奔。结果一跃过河而去，方才得以保命。

事后，刘备反思自己20多年的征战历程与跃马檀溪的体验，突然觉得自己身边虽有关、张、赵等猛将，但并没有从全局上辅助自己克服危难之人，

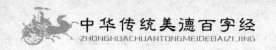

不如退而求贤士杰才来帮助自己打理天下，不负自己的岁月蹉跎之愤。

此后，刘备访遍荆州境内的名士，将徐庶请到自己帐中做谋士。后来又用徐庶之计，用火攻击败了前来进犯的夏侯惇、于禁所部曹军。曹操得知徐庶在帮刘备做事，将徐庶的母亲抓了起来，逼徐庶离开刘备。徐庶无奈之下，推荐刘备去找诸葛亮，并说诸葛亮是当世的"卧龙"。

此后，水镜先生司马徽也向刘备推荐诸葛亮，刘备为此三次亲往诸葛亮所居的隆中草庐，向诸葛亮求教平定天下的策略。诸葛亮被刘备的诚心所感动，向刘备进献"三分天下"的《隆中对》：

"自董卓乱汉以来，豪杰并起，占据州郡者不可胜数。曹操跟袁绍相比，名声低微而实力明显不足，但曹操还是击败袁绍，由弱方变成了强者，曹操靠的不仅是天时，更重要的是正确的用人方略与战争筹划。现在曹操已拥百万之众，挟天子而令诸侯，将军要想跟曹操交锋，目前有很大的困难，根本做不到。荆州的对面是江东孙权，孙氏占据江东已有三世，江山险要，民众归附，贤能也都被孙权所用。孙权的力量只可作后援，不能与之相斗。而荆州北据汉、沔，利尽南海，东连吴会，西通巴、蜀，有极强的财力、物力与人力，争雄天下应该有先天的优良条件，但刘表没有这样的能力，这是老天爷送给将军的礼物，将军难道没有想过要占据荆州吗？

另外，益州（四川）有四塞之险，沃野千里，是天府之土，高祖刘邦依靠益州成就了帝王之业。现在占据益州成都的刘璋昏弱，占据汉中的张鲁也是无智小人，益州民殷国富，他们却不知体恤百姓，益州的有智之士都想寻找明君。将军是帝室宗亲，信义著于四海，总揽英雄，思贤若渴，假若据有荆州和益州，守好山川险阻，西和诸戎，南抚夷越，对外结好孙权，对内勤政为民。只要时机成熟，则命一上将率荆州之军向南阳、洛阳进发，将军亲率益州之众攻取关中长安。那时，天下百姓哪有不大开家门，端饭送水欢迎将军？假如真的做到了这几步，则霸业可成，汉室可兴矣！"

刘备听了，如同拨云见月，朗朗天下似乎已在掌握之中，当下大喜，将诸葛亮请到新野出任自己的军师。刘备与诸葛亮议论天下大势，治军建政策略，情感日渐亲密。关羽、张飞心里不高兴，刘备劝慰说："我得到诸葛亮，就像鱼得到了水一样。"

从此拉开了刘备三分天下的序幕。

◎故事感悟

对于胸怀大志的刘备来说，屡次遭受挫败是在所难免的，但是穷则思，思则变，变则通，刘备通过反省，明白成大事者仅靠自己是不可能的，要懂得借助别人的力量。并最终三顾茅庐请得诸葛亮出山，也为将来的三分天下奠定了基础。经历挫折后好好地反省，清楚了解自己的不足和弱点，知己知彼，才可以使一个人强大，使一个国家富强。

◎史海撷英

煮酒论英雄

有一天，曹操独自喝着闷酒，请刘备来喝酒聊天。刘备虽然很高兴，但心里也犯嘀咕：为什么请我喝酒？喝酒时最容易走嘴，一定得小心。

有些人虽贫困潦倒，但依旧掩盖不了身上的贵气，刘备是这样的人。曹操和刘备边喝酒边聊。

曹操问刘备："大哥，你说现在谁是英雄？"

刘备心想："我虽是英雄，但现在落魄不得已。"但刘备不能这么说，不能让曹操看出刘备的心思，于是他顾左右而言他。

曹操举杯喝了一口说："这年头，真正的英雄就是你和我。"

刘备一听曹操这话，吓了一跳，筷子都掉到地上，恰巧此时天上"轰隆"一个巨雷。

曹操一看这情形就问刘备："怎么啦？"

刘备赶紧捡起筷子顺口说："这么大的雷，吓死我了。"

曹操哈哈大笑："大丈夫怎么可以怕雷呢？"

刘备说："孔子是圣人，他也怕打雷，别说我了。"

此时张飞、关羽二人担心曹操杀刘备，闯了进来，见刘备没事，关羽掩饰说自己是来舞剑助兴。

曹操说："这又不是鸿门宴。"然后斟酒让他们压惊。

酒后，刘备、张飞、关羽三人一起出来，刘备说："我在曹操的地盘上天天种菜，就是要让他知道我胸无大志，没想到刚才曹操竟说我是英雄，吓得我筷子都掉了。又怕曹操生疑，所以我就说自己怕打雷掩饰过去。"关张二人佩服刘备的机智。

◎文苑拾萃

三义宫

三义宫是为纪念刘备、关羽、张飞的桃园三结义而建。千百年来被后人仰慕，来此拜谒者络绎不绝，其"义"文化源远流长。

三义宫位于河北省涿州市楼桑庙村，始建于隋代，唐、辽、元、明、清各代均有修葺，距今已有1400多年的悠久历史。

三义宫整座庙宇金碧辉煌，气势雄伟，在金代曾被列为涿州八景之一，名为"楼桑春社"。每年的农历三月二十三日是刘备诞辰日，届时各方百姓云集于此，举行盛大的祭祀活动，有诗赞曰：

> 父老相携载酒游，果然春社胜于秋。
> 汉家宫殿皆禾黍，赢得荒村尚姓刘。

三义宫的建筑风格具有典型的中国古代建筑对称式的特点，整座庙宇由三进院落组成，以主体建筑为中轴线，由外向里依次为山门、马神殿、关羽殿、张飞殿、正殿、少三义殿、退宫殿、五侯殿等八部分组成。山门为单檐歇山式，东西长12米，南北宽6米，每间有券门，高2.8米、宽1.2米。山门正中匾额书"敕建三义宫"，匾额上方有三朵祥云，上面刻一个"日"字，阴面刻一个"月"字，暗喻刘、关、张结义精神永昭日月，激励后人。

进山门前行即为马神殿，马神殿内供奉刘备的坐骑"的卢"和关羽的坐骑"赤兔"。东配殿和西配殿分别供奉着关羽和张飞，用塑像表现了关羽"督打姚斌"、张飞"鞭打督邮"的故事。

正殿为整座庙宇的主体建筑，中间供奉汉昭烈帝刘备，左后为汉寿亭侯关羽，右后为桓侯张飞，东为诸葛亮、庞统等文臣，西是黄忠、赵云等武将。

后殿为退宫殿、少三义殿、五侯殿三部分，分别用塑像形式表现了少三义情同手足、刘备爱民如子、五虎上将的壮志豪情及诸葛亮、庞统的雄才伟略等故事。

三义宫内共有塑像87尊，生动地体现了三国时期各种壮观场面，驻足于此，会令人仿佛看到那段久远的刀光剑影时代。

魏武侯谋事

◎圣贤之所以知者，不过思与见闻之合而已。——明·王廷相

> 魏武侯（?—前370年），姬姓，魏氏，名击。战国时魏国统治者。他是三家分晋后魏国的第二代国君，在位期间将魏国的百年霸业再一次推向高峰。

战国时期，魏武侯任用吴起治理国家，吴起是当时的著名政治家、军事家。吴起一到魏国，便开始实行变法，几年时间就把魏国治理得富足起来。

魏武侯是聪明能干的君王，每当他与臣子们谋划军国大事，群臣没一人能够跟得上他的思路，因此他在朝堂上也表现出暗自骄傲的神色，吴起观察到魏武侯这一微妙的面部表情。

一次，魏武侯与群臣商议完朝廷大事后，又露出骄傲的喜悦，退朝后大殿内只剩武侯和吴起二人。武侯正准备下堂，看到吴起并没有走，就问他："先生怎么没走？有什么重要的事吗？"

吴起回答说："大王如此高兴真是臣民的福分。有个故事，不知道大王听过没有？"

武侯问："什么故事？"

吴起回答："不知道众臣中有人把楚庄王的话说给大王听过吗？"

魏武侯说："没有啊，楚庄王在什么情况下说了什么话？"

于是，吴起给武侯讲了楚庄王的故事：

楚庄王是春秋五霸之一，每当他谋划军国大事，群臣没人赶得上他的时候，他就心情不安，在朝堂上面带忧色。

大臣巫臣（被封为申公）看到楚庄王面带忧色就问："大王每日在朝中议事，众臣无人能够比得上您，大王应高兴才是，为何却面带忧色？"

楚庄王说："寡人听说：'诸侯能够自己选择老师者可统一天下，能够自己选择朋友者可成就霸业，自我满足认为群臣没人能比得上自己者就要灭亡。'如今，寡人这样才能低下的人，群臣尚且赶不上寡人，国家不是快灭亡了吗？寡人为此而忧虑啊！"

吴起讲完故事问魏武侯："大王您想，楚庄王担忧的是什么？大王高兴的又是什么呢？两相对比说明了什么问题呢？"

魏武侯听了心里"咯噔"一下，从来没人这样提醒过他，他也从来没这样思考过。他感到吴起很了不起，能从自己的表情中看出自己内心刚愎自用的情绪，而且及时提醒。如果自己长此下去，亡国都不知道怎么亡的，掉头也不知道怎么掉的呢！

魏武侯想到这里，诚恳地向吴起承认错误，说："这是上天派先生来挽救寡人啊！是上天派先生来帮助寡人改正过失啊！"

◎故事感悟

魏武王能够深刻反省自己的不足，从而励精图治，使得魏国强盛了很多年。一个不能反省自己的人，是不会有成功的事业的。

◎史海撷英

晋国六卿

晋国六卿是我国古代晋国所实行的一种统治制度形式。

狭义上的晋国六卿，是指自公元前546年—前497年，在晋国出现的范、中行、智、韩、赵、魏六个世袭卿族。六卿共主国政，专擅晋权。这是经典的六卿模式。

广义上的晋国六卿，是指从公元前633年，晋文公重耳始作三军设六卿起，直至公元前403年，韩、赵、魏三家分晋的六卿军政制度。其间，狐氏、先氏、栾氏、屠氏、箕氏、贾氏、赵氏、郤氏、胥氏、中行氏、温氏、士氏、范氏、原氏、屏氏、步氏、韩氏、荀氏、羡氏、吕氏、令狐氏、程氏、巩氏、智氏、邯郸氏、魏氏等数十家族纷纷角逐晋国政治舞台，他们为了争权夺势，展开了一轮又一轮的血腥竞争，其间，亲情、仇恨、恩义、血腥、残暴、勾心斗角等等错综复杂，上演了一幕幕壮烈的历史剧。

◎文苑拾萃

春秋战国的中山国

中国春秋战国时期的一个小诸侯国叫中山国（河北省定州一带）。

中山国的前身是北方狄族鲜虞部落，为姬姓白狄，最早曾在陕北绥德一带活动，后来逐渐转移到太行山区。

姬姓是周王族的姓，白狄的来历，有的说是周文王后裔毕万公的后裔，也有的说是来自周文王封给弟弟虢叔的西虢国。西虢国的历代国君都世袭兼任周王朝卿士一职，同时又是三公之一，担负为周王朝南征北战、东讨西杀以惩罚不臣的任务，这可能是周宣王时期虢国国君虢季子白北御猃狁，在内蒙古萨拉乌素河、榆溪河朔方城之后，其部分后裔就留在陕北了。

鲜虞之得名出自鲜虞水，鲜虞水即今源出五台山西南流注于滹沱河的清水河。

这一带是鲜虞最早的发祥地。

鲜虞的名称最早出现在《国语》一书中。该书记载，周幽王八年（公元前774年）太史伯答郑桓公问话时谈到，成周雒阳四周有16个姬姓封国，6个异姓诸侯国，还有"非王之支子母弟甥舅"的南蛮、东夷及西北的戎、狄国家或部落集团，其中就有鲜虞。

中山国包括今河北石家庄地区，是嵌在燕赵之内的一个小蛮夷之国，经历了戎狄、鲜虞和中山三个发展阶段，在每个阶段都被中原诸国视为华夏的心腹大患，同样经历了邢侯搏戎、晋侯抗鲜虞、魏灭中山和赵灭中山的阶段。

刘邦知错就改

◎日省己过之不暇，何暇责人之过？——明·薛瑄

汉高祖刘邦（公元前256—前195年），中国历史上第一位平民出身的皇帝，台湾民间称为流氓天子。字季。汉朝（西汉）开国皇帝，庙号为太祖，初称高祖，谥号为高皇帝，所以史称汉太祖高皇帝、汉太祖、汉高祖或汉高帝。出身平民阶级。起兵反秦时，称沛公，秦亡后，被项羽封为汉王。后于楚汉战争中打败西楚霸王项羽，成为汉朝（西汉）开国皇帝。他对汉民族的统一、中国的统一强大、汉文化的保护发扬有决定性的贡献。

俗语说："人非圣贤，孰能无过。"犯了错误不要紧，关键是看一个人对待错误的态度怎么样。有的人"闻过则喜"，知错就改；有的人刚愎自用，不知悔改。

遍观古今，不论开明君主，贤达人士，凡是能成就一番事业的人，往往都能知错必改；而那些文过饰非，不知悔改的人，往往注定要成为失败者。

楚汉相争，刘邦的势力不及项羽强大，但刘邦经过四年奋战，最后消灭项羽，建立刘汉王朝。刘邦胜利的因素很多，但他知错就改的精神是其中不可忽视的一点。刘邦知错就改的事例很多，聊举几例。

据《史记》记载，刘邦攻入秦都咸阳后，看到"宫室帷帐狗马重宝妇女以千数"，于是就要"留居之"想好好享受一番。

如果此时刘邦真的在秦宫室住下来，那他可就犯了严重错误，因为那样做他就会失去民心，得不到百姓拥护，让项羽有隙可乘。如此一来，在楚汉

战争中失败的就可能不会是项羽而是他了。

　　然而，刘邦毕竟有着知错就改的精神，在樊哙和张良的力劝下，他打消了这个念头，还军霸上。后来他以此为借口，在鸿门宴上指责项羽，说得项羽犹疑不定，从而逃避了一场杀身之祸。

　　刘邦与郦食其商量如何削弱项羽力量，郦食其劝他刻印授予六国后人，使六国各复其国。张良闻听此事后，马上向刘邦陈说了八条不能刻印的理由，条条中肯，刘邦认识到了这种做法的错误，马上"令趣销印"销毁了这些印章。

　　与刘邦相反，项羽就是一个刚愎自用不知改过的人。亚父范增屡次进谏，他都不予采纳，最后中了刘邦反间计，让范增告老还乡，从而失去了他最重要的一个谋臣，最终导致了他在楚汉战争中的失败。

◎故事感悟

　　《论语》说："过而不改，是谓过矣。"也就是说，一个人犯了错误如果不求改正，那就真正是犯了错误。《论语》中还说："君子之过也，如日月之食焉：过也，人皆见之；更也，人皆仰之。"这是一个极其恰当的比喻，说明了一个极为深刻的道理：一个人犯了错误不要紧，只要能够及时改正，那一样能受到大家的敬仰。

◎史海撷英

刘邦文治天下

　　刘邦统一天下建立汉朝后，开始以文治理天下，诏令天下，征用儒生，广泛求贤。

　　在政治管理上，刘邦虽然承袭了秦的中央集权制和郡县制，但废除了秦的苛法和刑法。命萧何参照秦法完成了"汉律九章"。这是在战国时期李悝制订的《法经》六篇（盗法、贼法、网法、捕法、杂法、具法）基础上补充了户律（户口管理、婚姻制度和赋税征收）、兴律（主要规定征发徭役、城防守备）和厩律（主要规定

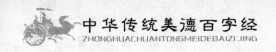

牛马畜牧和驿传方面），汉律就是指《九章律》。

刘邦还让叔孙通整理朝纲，制定了一套适合当时形势需要的政治礼仪制度，撰写了《汉仪十二篇》《汉礼度》《律令傍章十八篇》等仪法法令方面的专著，为汉朝的建立和巩固起到了重要作用。

在思想上，提倡以儒家思想为主，以法家思想为辅，取消秦朝"严刑峻罚"的做法，废除连坐法及夷三族，提出了"德主刑辅"，即以教化为主，刑罚为辅的管理百姓和社会秩序的办法。

在经济上，废除秦朝苛法，豁免其徭役，如减轻田租，"什五税一"；释放奴婢，解放生产力，让士兵复员归家，给予他们土地及住宅，使其从事生产劳作，迅速恢复提高国民经济。同时，鼓励生育。大力发展农业，抑制打击唯利是图的商人及残余的奴隶主阶级。还接受娄敬的建议，把关东六国的强宗大族和豪杰名家的10余万口人迁徙到关中定居。

在文化事业方面，建立规模宏大的"国家图书馆"天禄阁、石渠阁等。

刘邦在汉初的管理上，采取宽松的政策，不仅安抚了人民，也促成了汉代雍容大度的文化基础。刘邦使长期战乱而四分五裂的中国真正统一起来，逐渐把分崩离析的民心凝集起来。他对汉民族的形成、汉文化的发扬作出了很大贡献。经过汉初的一系列改革措施，到刘邦统治末年，经济已明显好转，人民小安。

刘邦是中国历史上少有的杰出政治家，他在汉初制定的国政，不仅使饱受战乱的百姓得以休养生息，还为后来的"文景之治"以及汉武帝反击匈奴都打下了坚实的基础。刘邦确定下来的政治制度，使大汉延续了长达400余年，成为中国历史上最长的统一王朝。他的政治体制和经济制度为后世统治者所沿用。

◎文苑拾萃

未央宫

长安城是西汉的都城，它是在秦朝兴乐宫的基础上增扩而成。北墙依渭水而建，城内的主要建筑是宫殿，其中长乐宫和未央宫最为著名。

未央宫是西汉皇家宫殿，是汉朝君臣朝会的地方，位于陕西西安西北约3000米处，当年位于西汉都城长安城的西南部。因在长乐宫之西，汉时称西宫。为汉高祖七年（公元前 200 年）在秦章台基础上修建，同年自栎阳迁都长安。

据史记载，未央宫建于长乐宫修复后不久，于汉高祖称帝后兴建，由萧何监造。惠帝元年至五年（公元前 194—前 190 年）修筑城墙。汉惠帝即位后，开始成为主要宫殿。未央宫建成后，汉代皇帝都居住在此。

汉未央宫总体布局呈长方形，四面筑有围墙。东、西两墙各长 2150 米，南、北两墙各长 2250 米，整个宫殿面积约 5 平方公里，约占全城总面积的七分之一。

据史记载，宫殿四面有宫门各一，唯东门和北门有阙。宫内有殿堂 40 余屋，还有六座小山和多处水池，大小门户近百，与长乐宫之间又建有阁道相通。

整个宫殿由承明、清凉、金华等 40 多个宫殿组成。南部正门以北偏西建未央宫前殿，现在汉未央宫的遗址仍存有当时高大的夯土台基。

在后世人的诗词中，未央宫已经成为汉宫的代名词。

缇萦救父感省文帝

◎善其谋而后动。——汉·扬雄

> 淳于意（约公元前205—前150年），临淄（今山东淄博）人。汉初著名医学家，因其曾任太仓令（或曰太仓长），故世称"仓公"。淳于意自幼热爱医学，曾拜公孙光、公乘阳庆为师，学黄帝、扁鹊的脉书、药论等书，精于望、闻、问、切四诊，尤以望诊和切脉著称。

缇萦，复姓淳于，她的父亲叫淳于意，是山东临淄人。西汉文帝时期，淳于意在齐国担任管理太仓的官员。

在汉文帝十三年（公元前167年），淳于意犯了过失罪，有人向上告发，太仓公就被押送到京城长安，将在那里接受"肉刑"。

淳于意有五个女儿，却没有一个儿子。听到父亲要被押送到长安去受"肉刑"，姐妹五人都失声痛哭。

当时的"肉刑"有三种，都很残酷，第一种为"黥刑"，也就是用刀刺刻额头、脸颊等处，再涂上墨；第二种是"劓刑"，即用刀把鼻子割去；第三种为"断趾"，也就是砍去左脚，或砍去右脚。

所以，五个女儿听到父亲要被押到长安受肉刑，怎么能不伤心呢？

淳于意看到女儿们哭作一团，本来就为有过失要押到长安受刑而烦恼，见她们只知道围着自己哭，就更加气恼了。又想到，自己一生只有女儿，没有一个儿子，便骂了起来：

"哭什么？我生了你们五个女儿，没有一个男孩子，到了紧急关头，一个可以出力的都没有！"

淳于意的小女儿，刚刚十几岁的缇萦，听到父亲的话后十分悲伤。她想：父亲受刑后将终身残废，身上永远留下犯罪的印记，这是多么野蛮残忍的刑法啊！父亲只有我们五个女儿，难道女孩子就不能出力了？

想到这里，她萌生了随父亲去长安，沿路照顾父亲，到长安再设法救父亲脱难的念头。于是，她停止了哭泣，对来押送父亲的差人说："请你们稍等一下。"

她快步走到里屋，拿了几件替换的衣服，就随着父亲到长安去了。一路上，她尽心竭力地照料父亲，同时也在考虑，怎样救父亲解脱危难。

到了长安，缇萦立即写了为父亲申诉的书状，亲自到宫门去投送。

她在申诉书中说："我父亲是齐国太仓的官，在齐国一向以为人廉洁、处事公平而闻名，受到百姓的称誉。现在不慎触犯了国法，要受到肉刑的处罚。"

接着，她情辞恳切地陈述了残酷的肉刑所造成的严重后果："小女子深切地痛惜，人死了不能复生；受肉刑的人，损伤的肢体不能再接续起来。犯人即使想改正过失，重新做人，却再没有这种机会了。"

为了救父亲，她向皇帝提出："小女子愿意自己到官府做奴婢，来赎父亲肉刑之罪，以使父亲能够改正过失重新做人。"

看到缇萦情真意切的申诉书，汉文帝深深地感动了。他认为缇萦的话很有道理：人死不能复生，伤残的肢体无法接续和恢复。这是人所共知的，为什么治理国家的皇帝和官员就没有注意到呢？

他想：现在战争结束不久，百废待举，劳动人手本来缺少，如果对罪犯施加肉刑，刑过之后，就有一批人丧失劳动力，不能再从事生产活动了，这对于恢复和发展社会经济有什么好处呢？而且，刑罚严酷，必然导致矛盾激化，影响社会的安定，危及政局的稳固。汉文帝越想越觉得这个问题重要。

第二天，文帝便下了一道在中国历史上、中国法律史上很有影响的诏书，

它的主要内容是:

"要治理好天下,就要教导百姓。现在有三种肉刑。人一有过错,还没有给以教导,刑罚已经加了上去。虽然后悔了,要改变行为,办好事、做好人,但是,肢体伤残,无法达到为善改过的目的。对于这种情况,皇帝我非常怜悯他们。肉刑斩断人的肢体、刺刻人的肌肤,一辈子也无法恢复再生,这种刑罚太痛苦了,也太不仁德了。作为百姓父母的皇帝,我不能看着这种情况再存在下去了。现在,我庄严宣布:废除肉刑。"

肉刑被废除了,淳于意也得救了,缇萦上书救父的事迹流传开了。后来,根据汉文帝的诏令制定了新的刑律:应受黥刑的,改为剃去头发用铁束颈服四年徒刑;劓刑,改为笞(杖打)三百下;斩左趾,改为笞五百下。

这样,许多轻微触犯法律的人,虽然要被笞打,不能免受皮肉之苦,但是,千百年来导致肢体残缺的、极不人道的肉刑被废除了。促成这一变革的,正是勇敢的少女缇萦。

◎故事感悟

缇萦通过自己的行动救助父亲的事情让汉文帝感动,也让汉文帝明白了:人可能犯错,但是一定要给他改过的机会。

◎文苑拾萃

《诊籍》

《诊籍》是汉代名医淳于意在行医过程中,对诊断的病人记下已愈患者的籍贯、姓名、职业、病名、病因、病性、诊断、治疗和愈后等形成的最初医案,为我们留下了研究汉代医学的宝贵史料。

淳于意的医案中既有王公贵族,也有平民百姓。《史记仓公传》记载了25例病例,治愈15例,不治10例,涉及现代医学的消化、泌尿、呼吸、心血管、内分泌、脑血管、传染病、外科、中毒以及妇产科、儿科等多个医学领域。

　　病案中记载：齐国的黄长卿大宴宾客，淳于意在座。他看到王后的弟弟宋健的面色，对他说："你已病了四五天，腰部疼痛不能俯仰，小便亦难。应趁其未传入五脏抓紧治疗。这叫做'肾'。"宋健服用了淳于意调制的汤药，18天后痊愈。

　　另一例：齐王请淳于意为侍女们诊病。查到一位名叫竖的侍女，竖说自己没有病。淳于意说："竖的毛发色泽、脉象都无衰减，但病已伤及脾胃，不要让她过度劳累。春天，她会吐血而亡。"到了春天，竖果真摔倒在厕所里吐血而死。

　　淳于意的《诊籍》既反映了他医技的高超全面，又给后人留下了各科早期病例，有重要意义。

桓麟不听奉承话

◎求道者，不以目而以心。——汉·贾谊

桓麟（？—约148年），字元凤，沛国龙亢人，东汉官员，太常桓荣之曾孙，桓郁之孙，桓鄼之子。汉桓帝初为议郎，入侍讲禁中。以直道忤左右，出为许令。病免官归，适遭母丧，不胜哀戚，未详而卒。麟所著有碑、诔、赞、说、书凡二十一篇。

　　桓麟是东汉时候的文学家。他小时候很聪明，又有才学，很多人都知道他的名字。

　　桓麟的伯父叫桓焉，是当时很有权势的大官，家里有不少食客。食客，就是有权有势的封建贵族家里养着的一批人，这些人专门替主人出谋划策，跑腿办事。

　　一天，桓麟到伯父家玩。一个食客知道桓焉非常喜欢这个孩子，心想：这可是讨主人高兴的好机会，我夸他几句，桓焉一高兴，说不定自己能得到点儿好处。

　　于是，这个食客写了一首诗，称赞桓麟的聪明，还摇头晃脑地念了起来："甘罗十二，杨乌（甘罗、杨乌都是少年时就才华出众的人）九龄；昔有二子，今则桓生。参差等踪，异世齐名。"

　　诗的意思是说：从前有甘罗、杨乌这样两个了不起的少年，现在有桓麟。他们之间在聪明、才学方面差不了多少，虽然不是生活在一个时代，他们的名声都是一样的高。

果然不出所料，桓焉听了这首诗，脸上堆满了笑容，一再夸奖诗写得好。这位食客也自以为是办了一件聪明事，十分得意。桓麟听了却一点儿也不高兴。

伯父问他："你觉得这首诗写得好吗？"

桓麟很认真地说："我觉得不好。"

伯父听了他的回答，觉得很奇怪，收起了脸上的笑容。食客的得意神情也消失得无影无踪了。

桓麟停了一下，一字一板地说：

"我和甘罗、杨乌他们比起来差得太远了。甘罗是个极聪明的孩子，他的几句话就说服了连丞相都说服不了的张唐，又能作为国家的正式使臣出使赵国，说服赵王献出了地盘儿，为秦国统一天下作出了贡献。一般的孩子怎么能和他相比呢？杨乌饱览群书，博学多才，这也是世人都公认的。而我呢，年龄虽然和他们差不多，但是很惭愧，在很多方面我都远远赶不上他们。您对我这样夸奖，实在是太过分了，我实在是无法接受啊！"

桓麟看了一眼那位食客，又接着说："不顾实际情况，有意过分抬高别人，并不是好事情。如果被夸奖的人缺乏自知之明，从此沾沾自喜，骄傲自满起来，难道还能进步吗？"

那位食客听了桓麟这一番话，讨了个没趣儿，脸上青一阵、白一阵，干瞪眼，一句话也说不出来。

◎故事感悟

一个人如果没有认清自己的话，很可能因为别人的夸奖而沾沾自喜，骄傲自满。所以只有不断地反省自己，才能更好地认清自己，更好地让自己得到进步和发展。

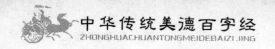
◎史海撷英

汉桓帝崇信黄老之道

刘志15岁时被人从河北封地请回朝廷登上皇位,他即是汉桓帝。桓帝在河北封地时,民间道教盛行,黄老之道的清静无为、长生久视等思想对他影响很大。刘志从小喜爱音乐,尤善吹笙弹琴,他当上皇帝后,阅读了大量宫中的道术秘籍,对黄老信仰更是深信不疑。

汉桓帝到二十几岁时还未生育,很苦恼,于是就寄希望于黄老之道,希望从黄老之术中获得下一代。

于是,汉桓帝便号召文武百官都信仰黄老之道,按国家大典在宫中举行祭祀。延熹五年(162年)下诏,天下除了洛阳令王涣祠、密县令卓茂庙不改外,其余祠庙一律改祀老子。

延熹八年(165年)正月,桓帝派中常侍左悺到苦县(今河南鹿邑县)祭老子。一年三次大张旗鼓的祭祀老子活动,把崇拜老子神化老子推到顶峰。这样,桓帝陆续有了三个女儿,但仍没儿子。

延熹九年(166年)春,平原(今河北)人黄老道徒襄楷到洛阳,连续两次向朝廷上奏折说:"过去道士宫崇献出的神书《太平经》,专讲自然五行的事,还有治国、生子的技术。但顺帝没有照做,所以没儿子……黄老道主张清静,崇尚无为,热爱生命,讨厌杀罚,减少贪欲,去除奢侈,现今皇上过分的欲望不减少,杀罚生灵太过分,曲解了道教,怎么能使国家昌盛、衍生后代呢?……老子到西天成了佛,专心修身养性,即使好女多多不屑一顾,能'守一'到这种程度叫得道成仙。现今皇上后宫美女艳妇为天下之最,山珍海味也为天下之最,这么多的贪欲,难道是黄老道所提倡的吗?"

襄楷被召入宫,皇帝下诏由尚书省过问。襄楷听到过朝廷中宦官专权的事,就说:"过去没有宦官,到西汉武帝末年才设置宦官。"

尚书承旨听了不高兴,向皇帝参奏说:"襄楷言词违背经义,假借谈天说道表达私人意见,诬蔑皇上妄论国事,请予治罪。"

桓帝看了奏本心想:"襄楷言词虽激烈,但他讲到黄老道的深义还很不错。"

于是下诏"不诛"，交司寇论判。司寇深解皇上心意，放襄楷无罪回家。

　　桓帝认为，民间信仰黄老道的人像襄楷这样的称得上高道了。此事增加了桓帝对黄老的祭祀诚心。延熹九年秋，桓帝将洛阳北宫濯龙园里的濯龙宫改祀老子，率文武百官到濯龙宫祭祀老子，用五彩毛毯作祭坛，纯金作法器，设置高座张以华盖，并动用皇家音乐班子祭祀天神的乐曲演奏伴唱。又在万安山皇家御花园内修建濯龙祠，塑像供奉老子。此后，全国崇拜道教的风气越来越盛。

唐玄宗的忏悔

◎过而能悔者，取其悔而不追其过，可也。——宋·杨时

> 唐玄宗李隆基（685—762年），唐朝皇帝（712—756年在位）。睿宗李旦第三子，母窦德妃。庙号"玄宗"，又因其谥号为"至道大圣大明孝皇帝"，故亦称为唐明皇。玄宗在位年间，是唐朝由盛变衰的关键时期。

皇帝极少有忏悔的，皇帝若忏悔，定是处境不妙，定是不得已而为之。

唐肃宗至德元载（756年）五月，安禄山叛变，唐玄宗带着杨贵妃姊妹和身边的皇子、妃、公主、皇孙、杨国忠、陈玄礼等及亲近宦官、宫人出延秋门，仓皇西逃。

到了扶风郡，士兵们都不愿继续跟着唐玄宗逃难，散布一些不利于玄宗的流言。龙武大将军陈玄礼对这支卫队已失去控制。

恰此时，成都进贡的春綵10余万匹运到扶风。玄宗命人将春綵全部陈列于大厅，召将士们来，对他们说："我近来年老糊涂，重用错了人，导致安禄山叛乱，不得已要远避其锋。知道你们是仓促跟随上路，来不及与父母、妻儿告别，一路跋涉，极其劳苦，我很惭愧。西去四川的路险漫长，所经郡县房屋狭小而人马众多，供给不免会发生问题。现在你们可以各自还家。我独与儿孙、宦官前行入川也可以走到。今天与你们诀别，你们可共分这些春綵以作为路费。回到家中见到父母及长安父老，请代我致意。望各自珍重。"

玄宗讲这些话时，不禁"泣下沾襟"。

将士们深为感动，都表示要坚决地始终跟着皇帝，决不敢有二心。

玄宗的这席话是较为深刻的一次忏悔。他讲到了"托任失人"，估计是指李林甫、杨国忠、安禄山。唐玄宗在位44年，用过几名贤相，其中有姚崇、宋璟、张嘉贞、张说、李元纮、杜暹、韩休、张九龄等。其中，姚崇、宋璟最著名。但玄宗晚年醉于歌舞升平，沉溺声色，怠于政事，为奸人所乘，重用了李林甫、杨国忠等人。

李林甫是唐朝皇族，唐高祖堂弟、长平王李叔良的曾孙，父亲李思海做过扬州府参军。此人少年得志，颇为得意，讲究穿着、排场，但不学无术，勉强写得几个字，但品行不佳。他的舅父、楚国公姜皎为他活动司门郎中的官职。

李林甫虽品行坏，才能声望又低，但因靠了门第及舅父的关系而迅速攀升，直到登上宰相高位，并在任19年，固然是靠政治手腕，但他符合晚年唐玄宗的口味，是他长期受宠幸的重要原因。

李林甫是中国历史上"口蜜腹剑"的典型人物，可唐玄宗认为李林甫善解人意，听话，不与他唱反调，用起来顺手。

开元二十四年（736年），唐玄宗在洛阳住长了想回长安。宰相裴耀卿向玄宗进言：现在农民收割还没有完，须等到冬天农闲方可返回。

李林甫却说：洛阳、长安本来是皇上东宫、西宫，皇上要到哪里去，何必要等待时机？如果说妨害农事，只要免除所经地区的租赋就行了。

玄宗听后很高兴，立即下令驾车回长安。从这件事可看出他工于心计，善于奉迎。

李林甫每次上奏，玄宗都很满意，原来他通过宦官和妃嫔，把玄宗的心理活动摸得一清二楚。他看武惠妃最受玄宗宠爱，就通过宦官传话给惠妃，说是愿意尽力保护寿王，意思是说，愿意帮助寿王取代太子。这一招果然有效，惠妃便在暗中帮助李林甫。李很快被提拔为黄门侍郎，不久升任宰相。

李林甫掌了大权，先将谏官的嘴封住。他对谏官们说：你们不要多言多语。你们看仪仗马的遭遇，虽然给它的食料很精细，但只要一鸣叫就要被淘汰！这样，将言路堵塞，使玄宗很快由糊涂而昏聩。

在李林甫当政时代，能臣、直臣、良吏、廉吏在朝中无立足之地，而小人、奸人、贪官、酷吏得势猖狂。李林甫从固宠保位的目的出发，向玄宗进言，从今以后，节度使要用寒族、"蕃人"；因为寒族没有后台，不会结党，"蕃人"打仗勇猛。实际是害怕有文化、有名望的大臣影响和动摇他的地位。于是一批"蕃人"专任节度使，不受节制。这直接导致了安禄山的坐大和后来的安史之乱。

天宝三载（744年），玄宗对高力士说："我近十年不出长安了，天下无事，我觉得高高在上而没什么事情，想把政事委托给林甫，怎么样？"

高力士答道："天下大柄不能让给别人，您的威势已经在了，谁还敢再说什么！"

玄宗听了不高兴，高力士赶紧顿首请罪说："我太狂妄了，说了狂妄的话，罪当死。"

高力士提醒唐玄宗不要太相信李林甫，不要将政柄都交给他，并且要注意唐王朝潜伏的危机，可玄宗根本不想听。

天宝十一载（752年）十一月，李林甫死后，唐玄宗才对他有点认识。

次年二月，玄宗下令削去李林甫官爵；子孙有官衔的除名，流放边远地区；近亲属及党羽50余人贬官。

唐玄宗用错的另一个宰相是杨国忠。他是杨贵妃的远房表兄，此人不但是酒鬼赌徒，而且胸无点墨，行为不端，举动轻躁，为族人所不齿。要说杨国忠靠"裙带关系"当上宰相，这话没错但不全面。他当宰相还有一个重要原因：会拍。他通过"内线"杨贵妃，清楚地掌握了玄宗的心理和嗜欲与好恶，投其所好，很快得到玄宗的宠信。

杨国忠大权在握后，先将选拔任用官吏的制度、程序打乱了。本来选官要经过几个有关衙门和有关官员，整个过程要从春到夏几个月时间。但杨国忠撇开各有关衙门，让他的手下在他家密定名单。然后找几名官员，名为讨论名单实则走过场，一天就结束了。

杨国忠从担任御史到升任宰相，共兼40多个重要职务。他专管财政和人事，忙到每件公文签一个字都忙不过来，只得交给手下去办，导致贿赂公行。

朝中大臣没人看得起杨国忠，但不知是唐玄宗没听到朝臣们对杨的议论，还是他充耳不闻，他就是重用杨国忠。后来，杨国忠在马嵬驿被士兵杀死。

安禄山身材高大肥胖，妒忌、残忍且多智谋，擅长揣度人的心理活动。因打仗勇敢，升为平卢兵马使。安禄山靠贿赂一路升官。他重金收买朝廷派到河北的使者，每次使者回京城都赞誉安禄山。安禄山将一亲信将领安插在京城，探听朝廷的动静，并不断地向京城运送奇禽、异兽、珍宝、牛羊等，贿赂朝廷重臣。

玄宗左右的人经常在玄宗面前说安禄山的好话，玄宗便相信安禄山是个人才。加上宰相李林甫因害怕儒臣以战功升任宰相，影响自己的地位，建议玄宗专用蕃将，安禄山便得到重用，被任命为平卢节度使，后又先后兼范阳节度使、河东节度使。

玄宗让安禄山见太子，安禄山故意不拜太子，旁人催促他下拜，他说：我是胡人，不懂朝廷礼仪，不知太子是什么官。

玄宗说：这就是"储君"，朕千秋万岁后，他代朕做你的皇帝。

安禄山说：臣愚昧，原来只知有陛下一人，不知还有"储君"。

玄宗觉得安禄山"痴直"得可爱，他其实是很狡黠。

天宝十三载（754年），唐玄宗对高力士说，要把朝政托付给杨国忠，把边疆的事情托付给安禄山等边将。

高力士回答："边将拥兵太甚，陛下将何以制之！臣恐一旦祸发，不可复救，何得谓无忧也！"高力士说这话时，离安禄山反叛只有一年多。此时的唐玄宗却没重视高力士的话。

天宝十四载二月，宰相韦见素对玄宗说："安禄山谋反的迹象已经显露。"

玄宗不信。

几天后，杨国忠、韦见素向玄宗献计，将安禄山召回京城任宰相，另派贾循等三人分任范阳、平卢、河东节度使，以分安禄山之势。

玄宗接受了这个建议，但诏书起草完却又压着不发，派一名宦官以赏赐珍果为名，暗中去考察安禄山。

这名宦官受了安禄山的大笔贿赂，回来说："禄山竭忠奉国，无有二心。"玄宗信以为真。他自以为很高明，对杨国忠等人说："禄山，朕推心待之，必无异志。"当时人人都知安禄山要反，只有唐玄宗认为安禄山不会反。谁要是说安禄山要反，他就下令把此人绑送安禄山，或者直接处死。

唐初以来实行的府兵制这时已败坏，府兵逃亡，留下的都是军官。连皇帝的警卫队招募的也是"市井负贩、无赖子弟"。这时的唐王朝，西部和北部集中了精兵强将，而腹心地区则很空虚，一旦有事无兵卒可派，只能临时招募。

安禄山敢反叛朝廷，正是他看到了唐王朝强盛富庶的表象掩盖着的种种危机。安禄山占据平卢、范阳、河东三镇广大地区，厉兵秣马十年，终在天宝十四载（755年）十一月，发兵15万，号称20万，反于范阳。几个月后，攻下洛阳进逼长安。

◎故事感悟

唐玄宗在安史之乱中曾被迫无奈作过忏悔，承认自己用错了人。他用错的不是一个人，而是一批人；不是一般的人，而是位高权重、掌握国家命脉的人。他用错的权位最高的三人，就是宰相李林甫、杨国忠和将领安禄山。三人中，宠信一人，于国于民都有大害，何况还宠信了三人！等到成了流亡之君，玄宗才知"悔无所及"。这也提醒我们，不要等到有了结果之后才去反省，最好的方式就是时时刻刻反省自己。

◎史海撷英

唐朝时期佛教的发展

唐朝初年，虽然没查禁佛教，但佛教的发展受到了儒教和道教的限制，特别是唐统治者对道教的提倡，使佛教的发展没有取得至尊的地位。

但是到了武则天时期，为了从宗教上打击李姓，武则天对佛教采取了宽容态度，这使佛教发展迅速。此时，全国各州都有佛教寺院。僧侣们不仅在国家的包庇纵容下兼并土地，还极力逃避国家税收。和尚数目的大量增加，使国家承担赋税和徭役的人数减少，影响了国家的收入。

开元二年，唐玄宗下令削减全国的僧人和尼姑数量，还俗的僧尼达1.2万人之多。玄宗又下令禁止再造新寺庙，禁止铸造佛像，禁止传抄佛经，禁止官员和僧尼的交往等，这使佛教在玄宗时期受到了很大的打击。

◎文苑拾萃

《唐六典》

《唐六典》全称《大唐六典》，是唐朝制定的一部关于行政管理方面的法典，也是我国现存最早的一部行政法典。

《唐六典》为唐玄宗时修订，成书于开元二十六年（738年），所记载的官制源流自唐初至开元止。六典之名出自"周礼"，原指：治典、教典、礼典、政典、刑典、事典等六个方面，后来所设的六部即据此。《唐六典》共30卷，近30万字。

开元十年（722年），唐玄宗召陆坚修《六典》，亲自制定理、教、礼、政、刑、事六条为编写纲目，由丽正书院（后更名集贤院）总管此事。

中书令张说、萧嵩、张九龄等人先后主持过修订，参与修撰的有涂坚、韦述、刘郑兰、卢善经等十余人。开元二十六年成书并注释后，于次年由宰相李林甫奏呈皇帝。所以，书题为唐玄宗御撰，李林甫奉敕注。

《唐六典》记叙了唐中央、地方各级官府的组织规模、官员编制（定员与品级）及其职权范围。约占全书三分之一的注文，记载有职官沿革、细则说明、附录有关诏敕文书等。正文所讲的许多官司的职掌，大多直接取自当时颁行的令、式，均是第一手资料。注文所叙职官的沿革，多取自历代典籍。

由于那些令式和典籍至今多有亡佚，所以《唐六典》具有较高的文献价值。《通典》《旧唐书》《新唐书》的作者都采用了《唐六典》的内容，其职官部分基本上是依据《唐六典》撰成。

最早的《唐六典》刻本是北宋元丰三年（1080 年）本，现已失传。现存最古刊本为南宋绍兴四年（1134 年）温州刊刻残本，但也仅存卷一至卷三第一页，卷三、卷七至卷十五、卷二十八至卷三十，共计十五卷（内有缺页），分藏于北京图书馆、北京大学图书馆和南京博物院。现有中华书局影印本。

明代有正德十年（1515 年）和嘉靖二十三年（1544 年）两种刻本。清代有嘉庆五年（1800 年）扫叶山房本和光绪二十一年（1895 年）广雅书局本。

《唐六典》很早便在国外流传，约9世纪末成书的《日本见在书目》里就录有《唐六典》一书。日本现存古刻本有享保九年（1724 年）近卫家熙刻本和天保七年（1836 年）官刻本，其中，以近卫本较好。

1973 年，日本广池学园事业部影印《大唐六典》，就是以近卫本为蓝本，并汲取了玉井是博的《南宋本大唐六典校勘记》的校勘成果，是日刊《唐六典》的最佳版本。

张九龄的反思

◎人不自知其过者，不明也。——明·薛瑄

> 张九龄（678—740年），字子寿，一名博物（《旧唐书》本传），韶州曲江人（现广东省韶关市）。唐代著名诗人、宰相。唐长安年间进士，官至中书侍郎同中书门下平章事。后罢相，为荆州长史。他是一位有胆识、有远见的著名政治家、文学家、诗人、名相，为"开元之治"作出了积极贡献。他的五言古诗，以素练质朴的语言，寄托深远的人生期望，对扫除唐初所沿习的六朝绮靡诗风贡献尤大。被誉为"岭南第一人"。

唐玄宗开元二十四年，张九龄从宰相被贬为荆州刺史，从位尊权重的位置上落入了位卑权微的江湖之远，心中有怨气自是难免。

张九龄难以平抑的怨气使他的头脑异常清醒，他不断地在反思自己。越是这样，他越来越清楚地发现自己确有诸多值得肯定之处；越是肯定自己就越觉得自己实在是冤。有冤不喊出来就是胸中的一块病，所以他写诗来抒发情怀，他以《感遇》为题，写了多首诗。

第一首写兰草和桂花：春之兰草，丰茂葳蕤，秋之桂花，芬芳皎洁，一切有爱美之心的人，一见定然要怦然心动，艳羡不已。因为有了它们，春天秋天才成了四季中最美丽的季节。诗中对这两种植物的精神品格给予了高度的称羡。

张九龄不愿意做隐士，他毕竟曾是宰相，那种一人之下万人之上的威势尊严是刻骨铭心的，而今的现状实在是心有不甘。所以，他不会像陶渊明那样有"悟以往之不谏，知来者之可追"的欣喜，他始终认为自己是庙堂之上

少有的兰草桂花，是庙堂之上的珍品。

张九龄虽流落江湖深山，但他自认为身上芬芳高洁的品质依旧。他认为，兰草就是兰草，桂花就是桂花，物性使然，不会因隐士高人的喜爱称赞而提高身价。作为兰草桂花，它们的根本就在于固守其本性，张九龄就这样来肯定自己本性的美好。

《感遇》之七，张九龄以丹橘自比。丹橘耐寒甘美的品性，他极为欣赏赞美。萧杀的冬天百虫蛰伏、万木凋枯，而丹橘却独临寒冷而葱茏翠绿。并非它们生长的地方气候温暖，而因其本性耐得风霜严寒。

这是张九龄在自勉，即使身处荆州这样的僻远之地，但决不可丧失本性，一定要耐得住寂寞和冷落。但这并非意味着甘于平淡甚至沉沦，他仍旧幻想某天能得到举荐，重返庙堂。

现在，张九龄只能无可奈何地顾影自怜嗟叹。他把这一切最终归结为命运，升迁腾达也好，丢官卸职也罢，一切皆由命定，而命运与机遇又是不可捉摸，循环往复的。

所以，丹橘虽美，亦只能独挡风霜，孤芳自赏，自生自灭，美德不显，令名不彰，实在令人遗憾。如此看来，生不逢时才是诗人要表达的真实意思。

◎故事感悟

对自己认识得太清楚往往是痛苦的，对自己认识得太清楚却不能改变自己，这也许是痛苦中最为痛苦的。张九龄虽然本性美好，却被世事所扰。不过，只要人不迷失自己的本性，终有一天会东山再起，重塑辉煌的。

◎史海撷英

唐玄宗主政

唐玄宗在清除太平公主之后巩固了皇权，但形势并不乐观：兵变使朝廷元气大伤，吏治的混乱、腐败亟待治理。所以，唐玄宗表示要量才任官，提拔贤能人做宰相。

　　唐玄宗有伯乐般的眼光，著名的宰相姚崇、宋璟、张九龄都是唐玄宗时期的大臣。

　　姚崇因向唐玄宗提出了十条建议而被器重，做了宰相。十条建议包括了勿贪边功、广开言路、奖励正直大臣、勿使皇族专权、勿使宦官专权等，唐玄宗基本上都按姚崇的建议执行。

　　姚崇在做宰相期间，对于皇亲国戚也不照顾。当时，薛王李业的舅舅王仙童欺压百姓，为非作歹，姚崇奏请玄宗批准后，惩办了王仙童。

　　姚崇还主持了开元初年对蝗灾的治理工作。当时，黄河地区发生严重蝗灾，他亲自指挥，下令各郡县要全力以赴消灭蝗虫，奖励治蝗有功者。在他的治理下，蝗灾很快被遏制住。

　　姚崇之后的宋璟也很重视人才的选拔。他掌握朝政大权但从不徇私枉法，相反对自己的亲属更加严格。一次，他的远房叔叔宋元超在参加吏部的选拔时，对主考官说了自己和宋璟的特殊关系，希望能予以照顾。宋璟得知后，反而特地关照吏部不给他官做。

　　张九龄是广东人，当时的广东是落后地区，还是流放犯人之地。所以，出身于广东的人历代在朝中做官的很少，更难在朝中做到宰相的位置。但张九龄凭借出众的才华被玄宗相中。

　　张九龄做宰相后，选官也是看重人品和才干，而不是看其背景。在吏部选拔官吏时，他主张要公正选才，量才使用。同时，他对于玄宗的过错及时指出，加以劝谏，并不因玄宗对自己有知遇之恩而隐瞒实情。

　　唐玄宗不仅慧眼识贤相，还整治吏治，提高机构的办事效率。他采取的措施有：

　　第一，精简机构，把武则天以来的无用官员一律裁撤，提高了效率，节省了政府支出。

　　第二，确立严格的考核制度，加强对地方官吏的管理。每年十月，派按察使

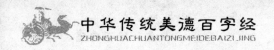
到各地巡察民情，纠举违法官吏，严惩不贷。

第三，恢复了谏官和史官参加宰相会议的制度（原本是唐太宗时期的制度，让谏官和史官参与讨论国家大事，监督朝政。武则天时被废除）。

第四，重视县令的任免。唐玄宗认为郡县的官员是治理国家的前沿，是与百姓直接打交道的官员，代表了国家形象。所以，玄宗经常亲自出题对县官考核，了解县官是否称职。对考试优秀者，立即提拔；对名不副实者立即罢黜。

◎文苑拾萃

梅关古道

梅关古道位于距广东省南雄市约 30 公里梅岭顶部。梅岭之名，相传是根据南迁越人首领梅绢的姓氏而得。梅岭自越人开发后，在岭南经济文化发展史上起了重要作用，成为中原汉人南迁的落脚点。

战国时期，中原战乱，大批越人迁往岭南，其中一支以梅绢为首的越人，来到大庾岭上，被岭南风光所吸引，便在梅岭一带安营扎寨。他们艰苦创业，使这一带迅速兴盛。因梅绢是首率队的拓荒者，后又因破秦有功而受项王封为十万户侯，因此，人们把这一带称为梅岭。

梅岭得名的另一说法是因多梅树，故称梅岭。梅岭的梅花树遍布岭南岭北，每到冬天梅花怒放，漫山遍野，是一片梅花的世界。

"庾岭寒梅"是我国历史上有名的四大探梅胜地之一，梅岭的梅花有两个特点：

其一，庾岭梅花与江南梅花不同，花颇似桃而唇红，也有纯红。岭上的梅花以白色为多。

其二，由于岭南岭北气候明显差异，南枝先开，北枝后放，界限分明。北宋文学家苏轼登梅岭赏梅赋诗云："梅花开尽杂花开，过尽行人君不来。不趁青梅尝煮酒，要看红雨熟黄梅。"

梅岭设关始于秦朝。秦始皇统一中原后，其策略之一是对北方筑长城以防御匈奴，对南方开关道，积极开发岭南。公元前 213 年，秦在五岭开山道筑三关，即横浦关、阳山关、湟鸡谷关，打开了沟通南北的三条孔道。横浦关就筑在梅岭顶上，因此梅关在秦时称横浦关，也称秦关，后来横浦关为战争所毁。汉至唐，梅岭有岭之称而无关之名。宋嘉祐年间，建关楼，南雄历代州、县均有修葺关楼，使梅岭关楼保存至今。

　　梅岭古道从向南、北两边蜿蜒而下，北接江西章水，南连广东浈水，像一条纽带把长江和珠江连接起来。梅岭古道是我国保存得最完整的古驿道。古道约6尺宽，路面齐整，铺着鹅卵石，道旁是繁茂的灌木丛，两侧山崖树木葱茏。岭下可见古人所用的饮马槽，古道旁修建一座半山亭，又名来雁亭。沿途曾有诗碑136块，记录了古代名人志士的名言诗句，现存不多。

　　唐开元四年（716年），张九龄路过梅岭，见山路险峻难以通行，便向唐玄宗谏言开凿梅岭。当时因发展经济的需要，唐皇帝下诏，让宰相张九龄负责扩展梅岭古道。此项工程浩大，开通了大庾岭古道。在古道庾岭新路口南山脚下的古道上有六祖庙和"夫人庙"，是后人为纪念张九龄的功德和感戴张夫人戚宜芬支持丈夫事业而建造。

　　古道开通后，南北交通便利，使当时的百里梅岭古道一片繁荣。梅岭古道的重要作用，使历代官府都很重视，对古道进行过修建，工程较大的是明正统十一年（1446年），南雄知府郑述用石砌古道，并在道旁补植松梅。随着粤汉铁路、雄余公路的开通，梅岭古道完成了南北主要交通孔道的历史使命。

截冠公鸡思社会

◎千周灿彬彬兮，万遍将可睹。——清·魏源

李翱（774—836年），字习之。河北赵郡（今河北赵县）人，也有一说陇西成纪（今甘肃秦安东）人。唐代贞元十四年（798年）进士。元和初，任国子博士、史馆修撰；元和十五年（820年），授考功员外郎并兼任史职。后贬为朗州、庐州刺史。唐文宗即位，入朝为谏议大夫，不久以本官知制诰，太和七年（833年）自桂管都防御使改授潭州刺史、湖南观察使，累官山南东道节度使，卒于襄阳，故称李襄阳。

有一次，李翱来到陕西零口，住在一个百姓家的土窑里。那家人养了22只鸡，其中7只公鸡、15只母鸡。李翱常给它们喂食，那些鸡好像认识他了，只要李翱从屋子里出来就立刻迎上去。

一天，李翱捧来米撒在地上，召唤鸡来吃。这时，有只冠子半截的公鸡看见地上的米没立即吃，而是仰头高叫，四周张望，好像在呼唤别的鸡来吃。

群鸡听到呼唤飞跑过来，抢着啄食地上的米。而那只半截冠子的公鸡反而被群起而攻之，群鸡有的啄它，有的拖它，直到把它赶走。

傍晚，群鸡成群结队栖息在堂前屋梁上，并不停地叫着，十分热闹。那只半截冠子公鸡跑过来，立在屋梁下仰头望了望，向四处张望，小声叫几下，又大声叫几下，像是向群鸡乞求，声音十分悲哀。

屋梁上的群鸡听到它乞求的叫声无动于衷，而且不时地发出嗤之以鼻的声音，好像是不允许它跟它们一起过夜。那只公鸡只好默默离开。它到院子里叫了几声，飞上一棵大树顶，独自过夜。

　　李翱看到了此情此景，对主人说："半截冠子的公鸡发现食物呼唤同伴共享，这是讲义气呀！别的鸡不是因为它的呼唤才获得食物吗？为什么还要羞辱它赶它走呢？为什么不让它入群为伴呢？"

　　主人说："这只公鸡是只客鸡，是邻居陈家的鸡，因为陈家的母鸡死了，只剩下它一只，所以把它寄养在这里。这只鸡勇猛善斗，我家那六只公鸡联合起来也不是它的对手。群鸡妒忌，所以才联合起来对付它，不让它吃食，不让它一同栖息。即使这样，那只公鸡还一如既往，见了食物仍然热情地呼唤群鸡，即使群鸡不报答它，它也不改变自己的做法。"

　　李翱听到主人的介绍，非常感慨地说："禽鸟，虽然是小东西，也有讲究义气、性格耿直的，也有小肚鸡肠、欺生排外的。鸡群都是这样，何况人呢？何况是朋友呢？何况是朝廷呢？我记下这件事，让它成为社会的一面镜子。"

◎故事感悟

　　社会上那些嫉贤妒能、欺生排外的小人是不会有好下场的，那些宽容大度、高风亮节的人一定会得到应有的回报。

◎史海撷英

李翱处世

　　李翱是韩愈的学生，他生性耿直，说话谈事常无所顾忌。权贵们虽然很看重他的学问，但讨厌他的言行，因此，李翱做官也做不了大官。

　　谏议大夫李景俭曾一度推举李翱，后因李景俭被贬黜，李翱也因此降任朗州刺史。后李景俭复职，才被召为礼部郎中。李翱重振朝纲的抱负无法实现，他的郁愤无处发泄，便去见宰相李逢吉，当面指责他的过失，并提出告病回乡。李逢吉并未计较李翱的言行，还上奏让李翱担任庐州刺史。

　　李翱到庐州上任后，正赶上旱灾严重，百姓逃亡，人数万人之多。官吏们趁机大量抢购田屋，以获取暴利，倾家荡产的人家仍要照旧交纳赋税。

于是，李翱下令"以田占租"，即以占有田地的多少而缴纳租子，不得隐瞒。这样的办法收缴回了大户豪门万余缗，才使贫苦百姓得以安生。

◎文苑拾萃

送李翱习之

（唐）孟郊

习之势翩翩，东南去遥遥。

赠君双履足，一为上皋桥。

皋桥路逶迤，碧水清风飘。

新秋折藕花，应对吴语娇。

千巷分渌波，四门生早潮。

湖榜轻袅袅，酒旗高寥寥。

小时展齿痕，有处应未销。

旧忆如雾星，怳见于梦消。

言之烧人心，事去不可招。

独孤宅前曲，篁箖醉中谣。

壮年俱悠悠，逮兹各焦焦。

执手复执手，唯道无枯凋。

苏轼醒悟改对联

◎智能之士，不学不成，不问不知。——《论衡》

> 苏轼（1037—1101年），字子瞻，一字和仲，号东坡居士。眉州眉山（今四川眉山市）人，中国北宋大文豪。其诗、词、赋、散文，均成就极高，且善书法和绘画，是中国文学艺术史上罕见的全才，也是中国数千年历史上被公认文学艺术造诣最杰出的大家之一。其散文与欧阳修并称欧苏；诗与黄庭坚并称苏黄；词与辛弃疾并称苏辛。书法名列"苏、黄、米、蔡"北宋四大书法家之一；其画则开创了湖州画派。

苏轼7岁知书，10岁能文，且出口成章，发言为诗。许多年长的人都来向他请教学问，经常能得到很多人的夸奖；加上自家的藏书也快读完了，认为自己博古通今、学富五车，不觉有些骄傲。他得意扬扬地写了一副对联：

识遍天下字，读尽人间书。

一天，一位白发老者拿一本书上门向苏轼求教，说："我问了好多人都不认识这本书，听说你博学多才，所以专程远道前来向你请教。"

苏轼自信满满地接过书，心里想："我肯定知道。"谁知翻开书本，不但没有看过，连名字都没听说过，只好惭愧地摇摇头。

这件事给苏轼的触动很大，觉得自己要学的知识还很多，不由得想起了令人脸红的那副对联，正准备撕掉时，忽然停止了，略加思索后，拿起笔在

上面各加了两个字：

发愤识遍天下字，立志读尽人间书！

然后端详一番，便埋头看书了。母亲在窗外看到这一切，不由得点头微笑。由于他在学问上严格要求自己，谦虚好学，使他成为书、画、诗、文皆优的文坛巨匠。

◎故事感悟

骄傲，是很多人小时候的一个通病。很多人都会因为取得了一点点的成绩就会沾沾自喜，也会因为这点成绩开始止步不前。学习若如逆水行舟，不进则退。所以时刻反省自己，才能取得更大的进步。

◎史海撷英

苏轼轶事

苏轼自46岁后自号"东坡居士"，民间里，不少以其名相称的东西，如东坡巾、东坡肉、东坡豆腐等。

"东坡"是当时黄州（今湖北黄冈）东门外远处一块山间坡地，原归营兵屯垦，弃置日久成了瓦砾遍地的荒场。

宋神宗元丰初年，苏轼被人诬告用诗诽谤皇帝，被谪为黄州团练副使，名义上是地方军事长官，实际是没有俸禄的戴罪官吏，这时他的生活陷入困境。

友人马正卿向知州申请把一块荒地拨归苏轼耕种，被批准，于是苏轼开始了农耕生活。他养了一头牛，开垦了半顷田地播植稻麦，一家人吃饭问题解决了。

苏轼发现在"东坡"的一侧有座长满蒿草的废弃菜园，就申请以此为房基建筑住房。正房是在大雪中落成，定名"雪堂"，苏轼亲笔题写"东坡雪堂"匾额悬挂在迎面。后来，他的著作多用"东坡"为名，如《东坡集》《东坡志林》等。

苏东坡不仅在文学史上成就斐然而享有盛名，他在自然科学方面也作出了很多贡献。

在医学方面，他与科学家沈括合著的《苏沈良方》是闻名中外的医书，是我国医学宝库中一份珍贵的遗产。此书共18卷，总计处方170多剂，论述60条，先后有数十种版本流传，此书至今在日本流传甚广。

在养生方面，苏轼著有《问养生》《论养生寄子由》《养生说》等20多篇文章，他的养生学重要论点是"营养生者使之能逸而能劳"、"药石可以伐病而不可以养生"。另外，他还提倡练气功，强调饮食要有节制，多食蔬菜，豁达乐观，心胸开阔，这些论点至今仍有重要价值。

在科普方面，他曾推广过湖北农民插秧用的秧马，四川制盐的"筒井用水鞴法"，四川的"布头笺"纸。还著书立说，在《牡丹记序》中记录了他研究过的生物变异性。在《酒经》中，他详细介绍了制曲和酿酒技术。在《苏轼杂琴事》中，剖析过古代名琴"雷琴"。他还研究过数十种物质的化学变化及性质，在《格物粗谈》和《物类相感志》两本著作中，记载了广泛的科学知识，共计1200多条，至今有参考价值。

◎文苑拾萃

刑赏忠厚之至论

（宋）苏轼

尧、舜、禹、汤、文、武、成、康之际，何其爱民之深，忧民之切，而待天下以君子长者之道也。有一善，从而赏之，又从而咏歌嗟叹之，所以乐其始而勉其终。有一不善，从而罚之，又从而哀矜惩创之，所以弃其旧而开其新。故其吁俞之声，欢休惨戚，见于虞、夏、商、周之书。成、康既没，穆王立，而周道始衰，然犹命其臣吕侯，而告之以祥刑。其言忧而不伤，威而不怒，慈爱而能断，恻然有哀怜无辜之心，故孔子犹有取焉。

《传》曰："赏疑从与，所以广恩也；罚疑从去，所以慎刑也。"当尧之时，皋陶为士。将杀人，皋陶曰"杀之"三。尧曰"宥之"三。故天下畏皋陶执法之坚，而乐尧用刑之宽。四岳曰"鲧可用"，尧曰："不可，鲧方命圮族"，既而曰"试之"。何尧之不听皋陶之杀人，而从四岳之用鲧也？然则圣人之意，盖亦可见矣。

《书》曰："罪疑惟轻，功疑惟重。与其杀不辜，宁失不经。"呜呼，尽之矣。可以赏，可以无赏，赏之过乎仁；可以罚，可以无罚，罚之过乎义。过乎仁，不失为君子；过乎义，则流而入于忍人。故仁可过也，义不可过也。古者赏不以爵禄，刑不以刀锯。赏之以爵禄，是赏之道行于爵禄之所加，而不行于爵禄之所不加也。刑之以刀锯，是刑之威施于刀锯之所及，而不施于刀锯之所不及也。先王知天下之善不胜赏，而爵禄不足以劝也；知天下之恶不胜刑，而刀锯不足以裁也。是故疑则举而归之于仁，以君子长者之道待天下，使天下相率而归于君子长者之道。故曰：忠厚之至也。

《诗》曰："君子如祉，乱庶遄已。君子如怒，乱庶遄沮。"夫君子之已乱，岂有异术哉？时其喜怒，而无失乎仁而已矣。《春秋》之义，立法贵严，而责人贵宽。因其褒贬之义，以制赏罚，亦忠厚之至也。

寇莱公闻过则喜

◎把意念沉潜得下，何理不可得。——明·吕坤

> 　　寇准（961—1023年），北宋政治家、诗人，汉族。字平仲。北宋丞相。华州下邽（今陕西渭南）人。19岁时，宋太宗太平兴国中，赴汴梁（开封）会试，进士及第。授大理评事，知归州巴东、大名府成安县。累迁殿中丞、通判郓州。召试学士院，授右正言、直史馆，为三司度支推官，转盐铁判官。天禧元年，改山南东道节度使，再起为相（中书侍郎兼吏部尚书、同平章事、景灵宫使）。皇祐四年，诏翰林学士孙抃撰神道碑，帝为篆其首曰"旌忠"。寇准生活比较奢侈，多有微议。

　　寇准在刚刚上任宰相时，张咏在成都任职，听说寇准入相的消息就对僚属们说："寇公奇才，惜学术不足尔。"

　　景德三年（1006年），寇准被王钦若所谮，被罢相出任陕州知州。这时张咏正好罢官从成都回京，路过陕州。二人相遇后寇准很热情地招待他。

　　张咏临行前，寇准送他到郊外，问道："你有什么要告诫我的吗？"

　　张咏慢吞吞地说："《霍光传》是不能不看的。"

　　当时，寇准没明白张咏的意思。回家后找来《霍光传》读。当读到"赞曰：……然光不学亡术"这句话时恍然大悟，笑着说："此张公之谓我矣。"

　　寇准对溜须拍马的人十分厌恶。参政丁谓出于寇准门下，对他十分恭谨。一次，官员们在中书省会餐，菜汤沾在寇准的胡子上，丁谓赶紧站起来用袖子帮他擦拭。

　　寇准笑着说："参政国之大臣，乃为官长拂须邪？"闹得丁谓很无趣，也

从此怀恨寇准，后来经常中伤他。

天禧三年（1019年），寇准再度任职宰相。宋真宗病后，刘皇后干预朝政，他密奏真宗请以太子监国，事情泄露后又被罢相。丁谓趁机对寇准一再陷害，使寇准一路被贬多级。

寇准被贬不久，丁谓因勾结宦官、巫师伪造祥异被贬为崖州（今广东崖县）司户参军。路过雷州时，寇准派人带一只蒸羊在路上迎接。丁谓想见他，他拒绝了。寇准的家僮想找丁谓报仇，寇准关起门来不让他们出去，等丁谓走远了才让他们出门。

◎故事感悟

寇准是一个以刚介敢直谏著称的人。他对于喜欢溜须拍马的人不屑一顾，反而对能够提醒自己过失的人大加赞赏。寇准诚恳待人、虚心求教、知过即改的品格令人钦佩。自古皆言学而优则仕，想来寇准在入仕之前，亦是"学而优"的。但是，仕而优则学更重要，寇准的省悟，是否也让我们有所反省呢？

◎史海撷英

寇准被贬

天禧四年（1020年），53岁的宋真宗得了风疾，行动不便，朝中大事多由刘皇后掌控。

真宗因身体缘故不想再管事了，就与亲信宦官周怀政商议，想让皇太子监国，又授意他与寇准斟酌是否可行。

寇准闻讯后，立刻去见真宗，表示按宸断办理，并提出应择方正大臣辅佐太子，丁谓、钱惟演是奸佞之徒，不可委以重任，真宗都答应了。

寇准让翰林学士杨亿起草太子监国的诏书，并嘱他不得外泄。不料，寇准自己却因醉酒走漏了消息，引起一场轩然大波。丁谓、曹利用联合向寇准发难，刘皇后又推波助澜，要挟真宗罢免寇准。真宗听信谗言，不顾他和寇准曾有的约定，罢免了寇准宰相职，改任太子太傅，封莱国公，以丁谓为相。

寇准被罢后，周怀政担心自己在劫难逃，于是孤注一掷，想杀宰相丁谓，罢皇后干政，奉真宗为太上皇，传位太子，以寇准为相。杨崇勋原本也参预此事，后来见刘皇后、丁谓一伙势力大便转向了，并向丁谓告密，丁谓连夜告诉曹利用。第二天，周怀政被杀，本对此事毫不知情的寇准却再次被卷入漩涡。

惟演与刘皇后、丁谓串通一气，诬告寇准罢相之后交结中外，图谋东山再起。于是，寇准被贬为太常卿、知相州（今河南安阳）、徙安州（今湖北安陆），后再贬道州（今湖南道县）司马。

◎文苑拾萃

寇准祠墓

寇准去世后，其夫人宋氏请求将其灵柩运到洛阳安葬，被准。寇准灵柩注洛阳途经公安（今湖北公安）等县时，当地百姓插竹路祭。据说，后来这些竹都成活为林，后人称为"相公竹"。人们在竹林旁建了"寇公祠"。明代大文人戴嘉猷路过公安时，曾题写"万古忠魂依海角，当年枯竹到雷阳"的不朽诗句。

雷州西湖宋园内有"寇公祠"。据载，寇准终老雷州，他一生的最后18个月在雷州度过。遗体运回西京安葬，雷州人为了缅怀他，在他寓所"西馆"立祠奉祀。

1135年（宋绍兴五年），宋高宗赐"族忠祠"匾额。寇准住在"西馆"时，写诗抒发内心激愤和伤感："曾为深渊无处诉，年年江上哭青春。"

"寇公祠"内还有元仁宗延祐四年（1317年），海北南道廉访使余琏修的井，由名宦进士王佐题"莱泉井"石匾。寇准饮用过这口古井的水，井水千年不枯，泉水清冽，人称"莱泉"。

寇公祠两侧廊厢布满歌颂寇准的诗文。明进士金都御使魏瀚诗云：

廊庙安危力万钧，泰山乔岳等嶙峋。

雷阳何以有此老？宋室未知有几人！

济海舟航横野渡，谪居池地动星辰。

南来为问崖州户，曾似丞尝庙貌新。

　　"寇公祠"内还有几幅图画，记载着他在雷州的业绩：修建真武堂，教书传艺，使乡民的子孙也能读书；讲授天文地理，破除歪理邪说；传授先进生产技术，促进经济发展；传播中原文化，向当地人传授中州音，促进了当地人与中原交流等等。

　　寇准墓位于渭南市临渭区官底镇左家村南外，封土高4米，南北15米，东西8米，墓前立有"宋寇莱公墓"碑石一通。

范仲淹雅释前憾

◎事贵审处，古人谓天下甚事不因忙后错了，其名言也。——明·薛瑄

> 　　范仲淹（989—1052年），字希文。北宋政治家、文学家、军事家、教育家。先世彬州（今陕西省彬县），后迁居江南，为苏州吴县人（今江苏省苏州市）。他为政清廉，体恤民情，刚直不阿，力主改革，屡遭奸佞诬谤，数度被贬。1052年（皇祐四年）五月二十日病逝于徐州，终年64岁，是年十二月葬于河南洛阳东南万安山。谥文正，封楚国公、魏国公。有《范文正公集》传世，通行有《四部丛刊》影明本，附《年谱》及《言行拾遗事录》等。

　　景祐三年（1036年），范仲淹任吏部员外郎、权知开封府。当时，宰相吕夷简执政，朝中进用的官员多出自他的门下。范仲淹就上奏了一个《百官图》，按着次序指明哪些人是正常的提拔，哪些人是破格提拔；哪些人提拔是公，哪些人提拔是私。并建议：任免近臣，凡超越常规的，不应该完全交给宰相去处理。吕夷简很不高兴。

　　过了几天，为讨论建都的事，二人的政见又不同，吕夷简攻击他的主张是"迂阔之论"，范仲淹也给仁宗上了四字奏章，"讥切时政"，并暗有所指地说："汉成帝信张禹，不疑舅家，故有新莽之祸。臣恐今日亦有张禹，坏陛下家法。"

　　这下子惹恼了吕夷简。他恼羞成怒，大声嚷：范仲淹离间陛下君臣之间的关系，他引用的官员，都是他那一伙子人！范仲淹激烈地和他辩论。结果，被吕夷简"指为狂肆，斥于外"，贬为饶州（今江西上饶）知州。

范仲淹被贬后，秘书丞余靖、太子中允尹洙、馆阁校勘欧阳修等为他"一言忤宰相，遽加贬窜"鸣不平，结果也被贬。第二年，吕夷简因与王曾政见不同罢相。

范仲淹任饶州知州一年多，改任润州（今江苏镇江）刺史，后又改任越州（今浙江绍兴）刺史。

康定元年（1040年），西夏王李元昊率兵入侵，他被任命为天章阁待制，知永兴军，接着又改为陕西都转运史。未几，夏竦任陕西经略安抚、招讨史，他又被任命为陕西经略安抚副使，负责防御西夏军务。

这时，正好吕夷简也再度复相，仁宗下谕让范仲淹不要再纠缠和吕夷简过去不愉快的事。范仲淹顿首谢曰："臣向论盖国家事，于夷简无憾也。"（我过去议论的都是关于国家的大事，对夷简本人并没有什么怨恨。）

范仲淹防御西夏很有政绩。庆历三年（1043年），他被任命为参政知事，与富弼、欧阳修等推行政治改革，为夏竦等中伤，又被贬出任邠州兼陕西四路安抚使。著名的《岳阳楼记》，就是这时所作。

◎故事感悟

范仲淹虽然被贬，但仍然自我反省，作出了"先天下之忧而忧，后天下之乐而乐"的感慨，也为防御工作作出了政绩。自省，可以一直帮助人们进步。

◎史海撷英

范仲淹戍边

原住在甘州、凉州（今甘肃张掖、武威）一带的党项族本来对宋称臣，但从宝元元年（1038年）起，党项族首领元昊建了西夏国，自称皇帝，并调集十万军马侵袭大宋延州（今陕西延安附近）等地。面对西夏的突然挑衅宋朝措手不及，朝廷内主攻、主守两派各持己见，宋仁宗举棋不定。

由于30多年无战事，宋朝边防不修，士卒未经过战阵，加上宋将范雍无能，延州北部的数百里边寨，大多被西夏军洗劫或夺去。仁宗与吕夷简商议，派夏竦做陕西前线主帅，又调范仲淹作陕西经略安抚招讨副使。时年52岁的范仲淹，先被恢复了天章阁待制的职衔，又获龙图阁直学士职衔。他进京面辞仁宗之后，便挂帅赶赴延州，他依然怀抱着忠心报国的热忱。

范仲淹亲临前线视察，他发现宋军官兵、战阵、后勤及防御工事等各方面都有颇多弊端。如不改革军阵体制，并采取严密的战略防御，实难扭转战局。韩琦则主张集中各路兵力，大举实行反击。

庆历元年（1041年）正月，韩琦接到西夏军侵袭渭州（今甘肃平凉一带）的战报，立即派大将任福率军出击。西夏军受挫撤退，任福带兵直追至西夏境六盘山麓被围，任福等16名将领英勇阵亡，士卒惨死一万余人，韩琦大败而返。

范仲淹至延州后，全面检阅军旅实行改编，从士兵和低级军官中提拔了一批猛将，从当地民间选录民兵，开展严格的军事训练。取缔了原来按军阶从低到高先后出阵的临阵体制，改为根据敌情选择战将的应变战术。

在防御方面，他命人先在延北筑城，后又在宋夏交战地带构筑堡寨。团结沿边少数民族，严立赏罚公约。在鹿延、环庆、泾原等路边防线上，渐渐屹立起一道坚固的屏障。

戍边一年，范仲淹已逾54岁，望南飞的大雁心中有无尽感慨。他填词以叙情怀，一连数阕《渔家傲》都以相同的四个字开头："塞下秋来风景异，衡阳雁去无留意，四面边声连角起，千嶂里，长烟落日孤城闭。浊酒一杯家万里，燕然未勒归无计，羌管悠悠霜满地；人不寐，将军白发征夫泪。"

范仲淹采取措施提高军队的战斗力。他选择1.8万名合格士兵分成6部，让每名将领统率3000人分别予以训练，改变了过去兵将不相识的状况，临战时根据敌军多寡，调遣他们轮流出阵抗敌。

范仲淹以身作则，将士没喝上水他从不说渴，将士没吃上饭他从不叫饿，朝廷赏赐给他的金帛都分发给将士。范仲淹赏罚分明，奖励勇猛杀敌的士兵，提拔重用立功的将领，对克扣军饷的贪污分子则当众斩首。在范仲淹的率领下，西北军中涌现出许多像狄青、种世衡等有勇有谋的将领，又训练出一批强悍敢战的士兵。直到北宋末年，这支军队仍是宋朝的一支劲旅。

◎文苑拾萃

岳阳楼

岳阳楼位于湖南省岳阳市西门城头、洞庭湖畔，自古有"洞庭天下水，岳阳天下楼"之誉，它与江西南昌的滕王阁、湖北武汉的黄鹤楼并称为江南三大名楼。

岳阳楼是以三国"鲁肃阅军楼"为基础，经历代沿袭而来。唐朝以前，其功能主要作用于军事。唐朝开始，岳阳楼逐渐成为历代游客和风流韵士游览观光、吟诗作赋的胜地。

此时的巴陵城已改为岳阳城，巴陵城楼也随之称为岳阳楼。北宋范仲淹脍炙人口的《岳阳楼记》更使岳阳楼名声大噪，其名句"先天下之忧而忧，后天下之乐而乐"更为千古传唱。千百年来，无数文人墨客在此登览胜境，凭栏抒怀，并记文、咏诗、绘画等等。

岳阳楼是江南三大名楼中唯一保持原貌的古建筑，它的建筑艺术价值无与伦比。1988 年 1 月，岳阳楼被国务院定为全国重点文物保护单位，同年 8 月被列为国家重点风景名胜保护区。2001 年元月，核准为首批国家 AAAA 级旅游景区，是长江黄金旅游线上湖南境内的唯一景点。

现在的岳阳楼为 1984 年重修，它沿袭了清朝光绪六年所建时的形制。登岳阳楼可览八百里洞庭湖的湖光山色。

洪熙帝纳谏自省

◎悔前莫如慎始，悔后莫如改图。——明·吕坤

> 朱高炽（1378—1425年），明成祖长子，其母为仁孝文皇后，徐达外孙，明朝第四位皇帝。洪武年间，朱高炽被封为燕世子。靖难之役中，他负责镇守北平，并成功抵御李景隆率领的中央军围攻。永乐二年，立为皇太子，并在明成祖屡次北伐中，担任监国职位，实际负责国家政事。永乐二十二年，继承皇位，年号"洪熙"。他在位期间，采取一系列政治、经济、军事改革与调整，国家富足。他与子朱瞻基在政治用人、行政处理上，均为后世所称善，史称"仁宣之治"。

朱高炽是永乐帝与其嫡妻徐氏所生的长子，生于洪武十一年（1378年）八月十六日，当时他父亲为燕王，年仅18岁。

朱高炽从小受武术和儒家学术的正规教育，虽学会了箭术，但很少表现出从武的资质。他专心致志于经籍和文学。他一直体质单薄，健康不佳。高炽的祖父洪武帝对这个皇帝接班人的温和性格和他对政治的兴趣感到高兴。

有一次，洪武帝派年少的朱高炽在破晓时检阅军队，他很快回来说，清晨太冷，检阅应等到士兵们吃完早饭。还有一次，洪武帝要他审阅几份官员的奏章，他有条不紊地把文武两类分开，并相应作了报告。洪武帝被这个孙子的文才和行政能力所打动。

朱高炽的父亲永乐帝是受过锻炼的指挥将领，他偏爱两个好武的儿子朱高燧和朱高煦，常带他们去参加征战，使其长子接受一种不同类型的教育。

这样，朱高炽在早年把大部分时间用于儒术研究上，并接受杨士奇、杨荣、杨溥和黄淮等学者的指导，这些人都与他关系很好，并在他登基后担任重要职务。

建文元年（1399年）至四年（1402年），朱高炽逐渐直接介入地方政治，当他父亲率军起事反建文帝时，朱高炽则担负起燕王封地的事务。建文元年（1399年）十一月，他手下只有一万士兵，却巧妙地组织城防，挫败了李景隆的一次攻击。

永乐二年（1404年）五月，在大学士解缙、黄淮的奏请下，他被立为皇太子。从此，朱高炽不论住在南京还是北京，当皇帝离开时都担任监国。他当职期间，得到大部分翰林学士的尊敬，获得了宝贵的管理经验。

永乐十二年（1414年）九月，永乐帝征蒙返京，朱高煦诽谤他的兄长未能为皇帝完成某些任务。朱高炽被父皇申斥，并囚禁了他的两名最亲密的顾问——大学士杨溥和黄淮。

后来，朱高煦在永乐十五年（1417年）被放逐。但朱高炽对他并不憎恨，朱高炽登基后，还增加了他的俸禄，并授予他的几个儿子爵位。但遗憾的是朱高煦始终不认错。

永乐二十二年（1424年）八月二十五日，朱高炽得知永乐帝死，皇帝的钦差携带传位遗诏到北京。他立刻与吏部尚书蹇义、大学士杨士奇和杨荣商量，下令加强京城的治安，并派大太监王贵通去南京任镇守。

九月七日，朱高炽正式登基，颁布了大赦令，并定次年为洪熙元年。同一天，他采纳夏元吉的建议，取消了郑和预定的海上远航；取消了边境的茶、马贸易；停派去云南和交趾（安南）的采办黄金和珍珠的使团。他还重新命夏元吉和另一名被贬的官员吴中，让他们分别任户部尚书和工部尚书。朱高炽以这些行动来调整他父亲的政策。

洪熙帝通过改组内阁，提拔了心腹官员和有能力的人，在新任命的官员中，许多人以前就为他效劳。在永乐十二年（1414年）事件中被撤职的黄淮和同时被监禁的杨溥，都被任命为翰林学士兼大学士。他的老师及最亲密的顾问杨士奇成了首辅大学士和少傅，杨荣和金幼孜也留任大学士，为了补偿他们曾受的屈辱，每人被封为一品的高官，并有兼职。例如，杨士奇兼任兵部尚书，杨荣兼工部尚书，黄淮兼户部尚书。

这样，他们能直接过问在职大臣们的行政事务和施加政治影响。洪熙帝经常召见这些重要大臣们开会，为他在重要事务决策前，在密封的奏章中提意见或建议。这样，内阁不再是以前那种不能负责的咨询机构，大学士们亲自参加决策。

永乐二十二年（1424年），洪熙帝在改革行政方面采取了不少措施，精简裁员，官员在70岁要退隐，失职的官员降职，有突出才能的官员升。

为了听到直言和揭露贪腐，洪熙帝给予杨士奇、杨荣、金幼孜、夏元吉等每人一颗银印，上刻"绳愆纠缪"，让他们用此印密奏关于贵族、皇族胡作非为的案件。监察御史派往各地调查官员的政绩，并为官僚机构寻求合适的人选。

洪熙帝常要求大臣们直言不讳，不必担心报复。虽然他有时训斥或惩处官员，但常后悔并要求原谅。在选拔官员时，洪熙帝重视儒家道德和个人品德。权谨是一名低级官员，在洪熙元年（1425年）进入内阁，就是因他极为孝顺。同样，任命有才能和守纪律的人担任地方的行政和司法职务。

洪熙帝还对科举制度改革。他认为此制度偏袒南方人，于是规定了份额，以保证北方人占全部进士的40%。此政策在明、清两朝一直执行。

洪熙帝还对司法方面做出改革。对因忠于建文帝被处死的齐泰、黄子澄等官员的家属，下令免除其家属为奴，并发还没收的财产。他还颁布诏令，进一步告诫司法部门要依法判决，在宣判前特别在宣判死刑前要复查对犯人的指控。此外，他禁止对犯人滥用肉刑和株连亲属（重大的叛逆罪除外）。

洪熙帝统治时期，颁布了几道诏令取消皇帝征用木材和金银等商品的做法，代之以一种公平购买的制度。他还免除受自然灾害者的田赋，并为其提

供免费粮食和其他救济物品。颁布诏令，要以前的逃亡者重返故里，免除他们所欠的税赋并免除两年同样的税赋和劳役。

洪熙帝还很关心年百姓的饥荒问题，几次因大臣们对此反应迟缓而发怒。一次，他批驳了户部官员们只借粮给百姓而不是免费分发的提议。

◎故事感悟

历史盛赞洪熙帝是一个开明的儒家君主，像他模仿的古代圣王那样，坚持简朴、仁爱和诚挚的理想。他因大力巩固帝国和纠正永乐时期的严酷和不得人心的经济计划而受到一致的赞誉。他的许多政策和措施反映了一种对为君之道的理想主义和儒家的认识。皇帝有时因性情暴躁和容易冲动而受到批评，如他偶尔申斥和惩处那些表现得优柔寡断或讲话太惹人恼火的官员，可是他有足够的度量认识自己的缺点和向人道歉。不管有什么错误，这些错误都可以被他的仁爱和一心为公的热诚所弥补。

◎史海撷英

仁宣之治

永乐二十二年（1424年），明成祖朱棣过世后，其子朱高炽、其孙朱瞻基先后继位。朱高炽即洪熙帝明仁宗，朱瞻基即明宣宗，这父子俩的统治时期被称为"仁宣之治"，与历史上的周朝的周成王和周康王、汉朝的汉文帝和汉景帝可以相提并论，是继"成康之治"、"文景之治"后的"仁宣之治"。

朱高炽是朱棣的长子，洪武二十八年（1395年）被立为燕世子。朱高炽从小就显示出能够做君王的素质，明太祖朱元璋曾让朱高炽与其他几位世子阅看大臣们的奏文。

朱高炽汇报时，只讲奏文中有关军民利害的事，从不提其中出现的文字谬误。朱元璋把章奏中的谬误指给他看，朱高炽答道："我哪敢疏忽粗心看不出这些毛病呢！是想不能絮絮叨叨讲这些小毛病，那样会浪费您的时间和精力。"

朱元璋曾问他："尧统治时有大水灾，汤有大旱灾，老百姓依靠什么呢？"

朱高炽回答："老百姓靠的是当君王的是圣人，圣人有体恤百姓的好政策。"

经过多次考察，朱元璋认为这个孙子有当君王的见识。

靖难之役时，朱棣让朱高炽留守北京，自己带兵迎战辽东军。朱高炽严密部署、拼死守卫。前来进攻的李景隆面对坚城久攻不下。朱高炽命守军以水浇城，天寒地冻滴水成冰，北平城墙成了冰墙。当李景隆再来攻打时士卒无法攀城。朱棣击败辽东军回师北平，与朱高炽内外夹攻南军，大败李景隆。

在靖难之役中，朱棣的次子朱高煦也立有大功，几次救朱棣于危难之时，扭转了战局。朱高煦居功自傲，把自己比作助李渊得天下的秦王李世民。朱棣让他陪哥哥朱高炽拜谒明太祖朱元璋的陵墓。朱高炽体胖而且脚有毛病，靠太监搀扶着走路。

朱高煦跟在后面嘟哝道："走在前头的人要是摔个跤，走在后头的人就知道走路得小心了！"

没想到已被朱棣立为皇太孙的朱瞻基在他后面紧跟着，回敬他一句说："那走在后头的人要是摔个跤，还有走在更后头的人也能从中知道走路得小心点。"

朱高煦回头与朱瞻基四目相对，心里不禁打了个寒战。

朱瞻基是朱高炽的长子，就像朱元璋欣赏朱高炽这个孙子一样，朱棣也很欣赏朱瞻基这个孙子。永乐八年（1410年），朱棣远征沙漠，把留守北京的重任托付给朱瞻基。第二年，就将他立为皇太孙。

早在朱瞻基刚满月时，朱棣就称赞道："这个孙儿长得英气溢面！"

朱瞻基成为皇太孙后，朱棣经常向朱高炽称赞他说："你这个儿子是以后的太平天子！"

当朱高炽、朱高煦两兄弟为皇位继承权明争暗斗时，朱棣也拿不定主意。朱棣向文渊阁侍读学士解缙征求意见，解缙认为："皇长子仁孝，天下归心。"

朱棣不做声，解缙连连叩首劝说道："还有一个好圣孙！"意思指朱瞻基是以

后继承皇位的好人选。

这话说到朱棣心里去了,朱棣采纳解缙的意见,确定朱高炽为皇位的法定继承人。

朱高炽即位后对臣下表示:"以前一些当皇帝的人,妄自尊大,不喜欢听直言,那些当臣子的投其所好,阿谀奉承,结果导致国家衰败,自己垮台。朕和你们都应当引以为戒!"他这样说也这样做。

一次,大理寺少卿弋谦在上奏时词语激烈,一些想讨好皇帝的官员指责弋谦有失大体,朱高炽也差一点恼羞成怒,要责罚弋谦。华盖殿大学士杨士奇指出:"有圣明的皇上,才有正直的大臣。希望陛下优待宽容像弋谦这样的人。"

朱高炽当时没责罚弋谦,但每见到他都脸色不好看,说话口气也很严厉。杨士奇又指出:"弋谦触怒了陛下,朝廷群臣看到陛下对他的态度,心里都会认为陛下容不得讲直话的人。"

朱高炽明白过来:"这确实是我容不得直言,那些讨好我的人迎合我的意思,实际是加重了我的错误。"

他一想,已一个多月没听到朝臣讲真话了,就对杨士奇说:"你对诸臣说一下,替我表白纳谏求言的心情。"

杨士奇回答:"我空口讲几句话不能取信于诸臣,请陛下亲自降一道诏书说明此意!"

于是,朱高炽下了一道诏书自我批评。从此,朝廷中逐渐形成一种直言不讳的好风气。

朱高炽在位没一年病故,朱瞻基继皇位,即为明宣宗。这时,朱高煦在自己的封地乐安(今山东广饶)发动叛乱。朱瞻基率将士亲征,他对诸臣说:"朱高煦之所以敢起兵反叛,是欺负朕年少,以为朕不敢亲征。他若知朕率军亲征一定胆战心惊,哪还敢出战呢!"

果然不出朱瞻基所料,朱高煦心虚胆怯,加之看到众叛亲离,军无斗志,只得出城向朱瞻基请罪,叛乱被迅速平定。

朱瞻基重用贤臣，执行与民休息的政策。修建明仁宗朱高炽的陵墓献陵时，朱瞻基遵照朱高炽的遗嘱，力主俭朴，注意节约，三个月修完陵墓工程。从朱瞻基开始，以后几代明朝皇帝的陵墓都修得较为俭朴。直到明朝第11个皇帝世宗朱厚熜在位时，才破坏了此规矩，为自己营建奢华的陵墓。

明宣宗朱瞻基有两句名言，一句是"省事不如省官"。某巡抚要求在杭嘉湖地区增设一名专门管理粮政的布政使司官员。朱瞻基认为，国家的赋税有常额，不能养冗官，驳回了他的要求。

还一句是"安民为福"。工部尚书建议修建山西圆果寺的佛塔为国家求福。朱瞻基认为，百姓安定就是国家的福气，用不着借修佛塔来求福。

河南一个知县，在当地发生灾荒时，未经请示将驿站公粮上千石发放给灾民。朱瞻基对他加以表扬："如果拘守手续，层层申报，那老百姓早就饿死了。"

朱瞻基要求大学士杨溥尽力辅佐自己。杨溥说："臣决不敢忘记报答陛下的恩情。"他嘱咐杨溥："直接指出我的过错，就是对我的最好报答。"

◎文苑拾萃

明献陵

明献陵是明朝第四位皇帝仁宗昭皇帝朱高炽（洪熙）和皇后张氏的陵寝，位于天寿山西峰之下，长陵旁边。朱高炽只做了十个月的皇帝。

献陵陵寝规制俭朴，神道从长陵神道北五空桥北分出，长约1公里，途中有单空石桥一座，路面为中铺城砖，两侧墁碎石为散水，没有单独设置石像生、碑亭（现存碑亭为嘉靖年间增建）等建筑。陵宫建筑同样非常俭朴，占地仅4.2万平方米左右。陵殿、两庑配殿、神厨均各为5间，且都为单檐建筑；门楼（祾恩门）仅为3间；方城、明楼不仅不像长陵那样高大，且城下券门改为更简单的直通前后的形式。上登明楼的礓石察量路改为设于宝城之内的方城左右两侧。照壁因不设于券洞内而设于方城之后、墓冢之前。

明献陵的另一特点是，祾恩殿和方城明楼在院落上彼此不相连属。前面以祾恩殿为主，建有一进院落，殿前左右建两庑配殿和神帛炉。院的正门是祾恩门，

即陵园的大门，门前出大月台，院后设单座门一道。后面以宝城、明楼为主，前出一进院落。院内建两柱棂星门、石供案。院门为三座单檐歇山顶的琉璃花门。二院之间隔一座小土山（影壁山）。

献陵的陵寝建筑在清乾隆五十至五十二年（1785—1787年）间曾得到修缮。在这次修缮中，明楼外形未改，但内部木构梁架改成为条石券顶结构。方城下的甬道被封死，右侧增筑了一道可由方院上登宝城的礓石礤路。两旁配殿及神厨等附属建筑大多被拆。祾恩门则缩小了间量，顶部由歇山式改成了硬山式。神功圣德碑亭被拆除了四壁，仅于台基之上，石碑的四周砌以齐胸高的宇墙。

以后祾恩殿、祾恩门相继在清末民初时毁坏。日军侵华期间，为修炮楼取砖，第一进院落的围墙及祾恩门、祾恩殿的山墙又被拆毁。现在，除宝城、明楼及第二进院落陵墙经修缮保存较好外，其第一进院落的建筑已全成遗址。

清世祖临终反省写"罪己诏"

◎日省己过之不暇，何暇责人之过？——明·薛瑄

> 爱新觉罗·福临（1638—1661年），顺治帝，即大清世祖章皇帝，满洲爱新觉罗氏，名福临，清太宗皇太极第九子。崇德三年正月三十日（1638年3月15日）戌时生于盛京，其母为永福宫庄妃，博尔济吉特氏，即孝庄文皇后。1643—1661年在位，谥号体天隆运定统建极英睿钦文显武大德弘功至仁纯孝章皇帝，陵寝孝陵（河北遵化县清东陵），庙号世祖。

清朝的第一份遗诏是奉顺治皇帝之名颁布天下的，是由顺治皇帝在临终前亲自参与撰拟并作最后的钦定。顺治十八年正月七日，顺治因出痘故于养心殿，颁发遗诏。

遗诏既自责未法祖宗旧制，却又违背祖制，命非宗室的索尼等四人任辅政大臣，因此，一般认为此诏并非顺治临终遗旨，应是当时权力斗争下所产生的一份政治文件。

《世祖章皇帝实录》对此事的记录是：正月二日顺治身体不豫，于是召见麻勒吉（？—1689年）和王熙（1628—1703年）两位大学士至养心殿商议，皇帝"降旨——自责"，同时立玄烨为皇太子，并以索尼、苏克萨哈、遏必隆与鳌拜等四大臣辅政。随即命令麻勒吉、王熙于乾清门撰拟遗诏。

诏书经顺治钦定后，由麻勒吉、贾卜嘉尔二人捧诏奏知皇太后，向诸王公、贝勒、大臣宣示。当时亲身参与撰拟遗诏的王熙在其自订年谱里有较翔

实的追忆：初六三鼓时分，他奉召进入养心殿，顺治表示："朕患痘，势将不起。尔可详听朕言，速撰诏书。"

当时，精通满汉文的王熙"榻前书写，恭聆天语。五内崩摧，泪不能止，奏对不能成语"。

顺治还劝勉王熙："今事已至此，皆有定数。君臣遇合，缘尽则离，尔不必如此悲痛。此何时，尚可迁延从事，致误大事！"

王熙强忍悲痛，向皇上建议先聆听"面谕"，随后到乾清门下西围屏内撰拟，再将稿本呈请顺治定夺。

前后"凡三次进览，三蒙钦定"，直到初七破晓时分，这份斟酌再三的"遗诏"终于定案，而顺治皇帝在定稿当晚驾崩。

顺治逝后第二天，清廷便"宣读遗诏，遣官颁行天下"。

顺治在临终前，有意主动参与自己遗诏的制作殆无疑义。抑或原来的内容可能经过更动，但通篇遗诏乃以罪己为基调，痛陈十四项施政重大缺失，期待继位者能够调整改过，这该是顺治的本意。

以清代后来皇帝所颁布的遗诏看，这份罪己的遗诏与后来以揄扬政绩为主轴的遗诏比起来，显得不免突兀，可以说是绝后之举。但若与前代皇帝遗诏书写的前例，此罪己诏却非空前。如，明代首辅徐阶为嘉靖皇帝拟定遗诏，即代为检讨"既违成宪，亦负初心"的罪愆。

◎故事感悟

皇帝认错，不是常态，而且，认错的皇帝，有的可能是出于真心悔恨；有的则是为了敷衍群臣和百姓，收买人心；还有的可能是迫于某种压力。而顺治是临死前才认错的皇帝，大概像是俗语所说的"人之将死，其言也善"，临死前有了良心发现吧。但不管怎么说，这些皇帝毕竟认错了，毕竟没有死不认账、死不认错。作为一个口含天宪、乾纲独断的皇帝来说，这也算是很可贵了。尽管他们在罪己诏里或在口头上说的许多话，都应该批驳。

◎史海撷英

"嘉定三屠"

清顺治二年（1645）五月初九，清兵攻破南京，明弘光帝南逃。三十日，时值县令钱默出逃。六月二十四日，清任命的县令张维熙上任，当天，明嘉定总兵吴志葵率领百多人，白布裹头，白天埋伏在东门外时家坟，晚上手持火把逼近县城，扬言捉拿张维熙，张被吓跑。二十七日，吴志葵又率兵来到县城，士民夹道迎接复明之师。

闰六月初七，明降将李成栋率骑兵路过境内新泾桥，大肆奸淫妇女，致死7名。初八，李率兵船百艘、马步兵2000余名停泊县城东关，大肆奸掠。初九，李率兵去吴淞，留偏将梁得胜等300名守护兵船。十二日，清军下剃发令，激起百姓愤怒，致使远近乡兵一起围攻李成栋船队。船只及所掠财物都被焚毁，斩杀清官兵84名。十五日，李成栋去太仓求援，行至罗店又被乡兵追杀，伤亡惨重。于是，李成栋纵兵报复，滥杀无辜。

十七日，明都察院观政黄淳耀及弟黄渊耀与前左通政侯峒曾及子元演、元洁倡议守城。十八日，李成栋攻打罗店，同时派遣精兵东渡练祁西渡荻泾，使乡兵背腹受敌，退入镇内。时值早市，清军入镇屠杀，居民死难1604人。

十九日，黄淳耀、侯峒曾召集众人商议，决定划地而守，城上高悬"嘉定恢剿义师"大旗，自制各种武器，严阵以待。二十五日，吴志葵派蔡乔率兵200余名支援嘉定，在城外扎营。次日五更遭李成栋伏兵袭击，蔡乔战死。李成栋引兵归吴淞过新泾桥时纵火焚屋，鸡犬不留。

七月初一，各路乡兵10万余人会集砖桥与清兵决战，乡兵大败，被追杀不计其数。李成栋部入娄塘镇屠杀1073人，并纵兵奸淫妇女。初三，李成栋汇同太仓清兵攻城，日夜炮轰。

初四凌晨，大雨滂沱，守城士民已坚守三昼夜，粮草几乎断绝，力不能持。清兵趁机攻破东门入城，守将侯峒曾自沉宣家池（叶池）未死，后被清兵杀害。东门被破，城中居民向西门逃生，被清兵截段堵杀无数。

此时，镇守西门的黄淳耀见大势已去，便与其弟渊耀骑马来到早年读书的西

林庵，让僧人赶紧离开，奋笔疾书遗言："遗臣黄淳耀于弘光元年七月初四自裁于西城僧舍。呜呼！进不能宣力皇朝，退不能洁身自隐。……中华士庶再见天日，论其世者，当知予心。"之后，兄弟二人均自缢殉国。

南门守将张锡眉听说城门被攻破，偕妻妾投水死，留绝命诗一首："我生不辰，侨居兹里。路远宗亲，邈隔同气。与城存亡，死亦为义。后之君子，不我遐弃。"另一守城将领龚用圆、龚用广兄弟也双双自溺而死。

辰时，李成栋入城下令鸣炮屠城，遇到人就让对方献宝，如果给的不多就连砍三刀，东西要没了就杀之。此时，全城刀声霍霍，一片屠杀声，呼天抢地。到处是悬梁、投井、断肢、血面之人，被砍未死、手足还能动的不计其数。投河自溺者不下数千人。

三日后，自西门至葛隆镇浮尸满河，行船都无处下篙，血污浮于水面，高出数分。妇女如果容貌不佳者必被杀，有美色的被生虏后于街坊当众奸淫，若有不从便被钉上手足。初六，李成栋纠集民船300余艘，满载所掠到的金帛、女子、牛马猪羊等驶往太仓。

嘉定被屠后，葛隆、外冈、马陆、杨行等镇乡兵再次聚会，商议抗清事宜，发誓义无反顾，并时有偷袭斩杀清兵的活动。

二十六日五更，清兵大队至葛隆，入镇后肆行屠杀，流血满地，并再次屠杀外冈镇；二十七日，浦峤、浦嶂率兵再次屠城嘉定，不分老幼逢人便杀。自闰六月初，嘉定人民自发起义抗清。两个月内，大小战斗十余次，民众牺牲两万余，史称"嘉定三屠"。

◎文苑拾萃

出世遗诗

天柱山藏经阁前门楼中的清顺治帝的出世遗诗，笔调充满对人世间生死离别的绝望、看破红尘的大彻大悟，虽谈不上佳作，但是却字字发于肺腑，叫人感慨，能出自一位封建帝王之手实在是难得。古代的帝王都脱不了长生不老、千秋万代的干系，而顺治帝却能从中顿悟，令人敬佩。

天下丛林饭似山，钵盂到处任君餐，
黄金白玉非为贵，惟有袈裟披肩难，
朕为大地山河主，忧国忧民事转烦，
百年三万六千日，不及僧家半日闲。
来时糊涂去时迷，空在人间走这回，
未曾生我谁是我？生我之时我是谁？
长大成人方是我，合眼朦胧又是谁？
不如不来又不去，来时欢喜去时悲。
悲欢离合多劳虑，何日清闲谁得知？
若能了达僧家事，从此回头不算迟。
世间难比出家人，无忧无虑得安宜，
口中吃得清和味，身上常穿百衲衣。
五湖四海为上客，皆因凤世种菩提，
个个都是真罗汉，披搭如来三等衣。
金乌玉兔东复西，为人切莫用心机，
百年世事三更梦，万里乾坤一局棋。
禹开九州汤放桀，秦吞六国汉登基，
古来多少英雄汉，南北山头卧土泥。
黄袍换得紫袈裟，只为当年一念差，
我本西方一衲子，为何生在帝王家？
十八年来不自由，南征北讨几时休？
我今撒手西方去，不管千秋与万秋。

明朝亡于崇祯帝的原因

◎人患不知其过。既知之，不能改，是无勇也。——唐·韩愈

> 明思宗朱由检（1610—1644年），明光宗朱常洛第五子，明熹宗朱由校弟。明朝第十六位皇帝，母为淑女刘氏。明熹宗于1627年8月病故后，由于没有子嗣，他受遗命于同月丁巳日继承皇位。次年改年号"崇祯"。1627—1644年在位。在位17年，李自成造反军攻破北京后自缢，终年34岁，葬于思陵。

朱由检在位时，精神振奋，很有作为，与武宗（朱厚照，1506—1521年在位，年号正德）相比，何止有天壤之别，可是反而亡了国，这是为什么呢？

明朝建立百年来，朝廷的法度已经严谨，天下的风俗还没有被败坏。孝宗（朱佑樘，1488—1505年在位，年号弘治，封建史家称他是"中兴之主"）时选拔贤德有才能的人，把他们安排在朝廷内外，让百姓们休养生息了十几年。他给百姓的仁惠恩泽深厚，因而人心稳固，国家的元气旺盛整个局面安定。

虽然像武宗那样愚昧无知，屡次施行坏政策，宦官和宠幸的人在他的左右搅得一片混乱，可是国家的本和根还没有全部被拔掉，内阁的首辅也多是年高有德的人。

等到流民起义在各地崛起后，王琼独自主持内阁的工作，陆完、彭泽分别担任京城外的军帅，对他们的委托信任已然很专一，从旁扰乱的又极少，因此，能处危境而不至灭亡。

朱由检承续神宗、熹宗之后做皇帝，神宗懒惰放荡不管政事，熹宗亲近

阉党，国家的元气消耗殆尽，国家的命脉也将近断绝。假如让熹宗的统治再延续几年，那么国家等不到下一代就要灭亡了。

朱由检嗣位做皇帝的时候，群臣百官之中东林党与非东林党之争的局面早已形成，民间的物力已经消耗，国家的法令已经败坏，边疆被侵占已经变得很严重。

朱由检虽然意志坚决地除旧布新，整理考核名声和事功，但是对于人才的善恶，议论的是非，政事的优劣，军事的成败，朱由检自己心中都没有明白透彻的见解，对外面（指国家）存在的弊病也不能纠正。

而且，他的秉性爱怀疑并注重审查，好刚强并崇尚意气。注重审查就要对人不宽厚少恩德，崇尚意气就要处事急躁而举动失常。

当流民满山都是，全国各地局势动荡不安的情况下，而他委托的掌握政权的人，不是没有才能就是奸邪的坏人，对流民在剿杀、招抚两者之间，模模糊糊胸无定计。

朝廷内外的大臣不能及时纠正错误，人人怀着贪求私利保全自身的心。说话刚直，恰好击中事情弊病的人，大都被打倒离去了。

那些被任在外的军帅，事权由朝中掌握，自己无权处置，功过也没有酬报。军队在一地打了败仗，就杀死一个将领；堕陷一个城，就杀死一个守吏，赏罚太严明以至于不能起到处罚的作用，统治过分严厉以至于不能进行统治。

再加上天灾流行，灾荒一次又一次地相继而至，政治烦扰，赋税繁重，对外战争溃败，内部人心叛离。好像一个人的身体，元气已经微弱了，痈疽毒疮又一起发作，他的病本来已经很严重了，而又用良医庸医交叉进行治疗，方剂又是凉药热药交互使用，结果使他病入膏肓，没有方法可救了，这样不死还有什么可等待的呢？

因此，明朝的灭亡，是亡于流民，可是导致明朝灭亡的根不是在于流民。唉！朱由检不是亡国的君主，可是处在亡国的气运上，又没有救亡的办法，所以只见他焦心劳思以致精神恍惚，孤立无依地做了17年皇帝。而在他的帐幕之中，没有听说有像汉高祖的张良、陈平那样的谋士，在军队中没有见到像唐高祖的李靖、唐玄宗的郭子仪那样的将领，白白地以身殉国，可悲啊！

◎故事感悟

《明史》对于明王朝的覆灭做了深刻的反思，一个王朝既没有可以平定四海的将才，也没有智谋过人的相才，这才是它从繁荣走向衰败的原因。同样，无论做什么事，如果仅仅只是有一个好的领导，却没有一个很好的方向，没有有德才的人来相助的话，肯定会一事无成，最终走向失败的。

◎史海撷英

湖广填四川

"湖广填四川"是指发生在中国元末明初和明末清初的两次大规模的南方移民潮，当时，主要是湖南、湖北（即湖广行省）、广东（客家人为主）等省的居民大量迁居到四川各地定居。据考证，其中也有江西、福建、广西等十几个省的居民迁入。

清康熙初年，四川巡抚张德地乘船经重庆到泸州，沿途巡查，船行多日所见人烟稀少，张德地感到奇怪，便问随从："当地的人都到哪里去了？"

随从回答："都死了。"

原来，明末清初的30多年间，四川境内战乱频发，加上灾荒瘟疫不断，使得四川人口锐减。据考，清初四川人口仅有不到50万，重庆城（现朝天门到七星岗通远门一带）只剩数百户人家，重庆所辖的州县内，有的只剩十几户。

康熙七年，四川巡抚张德地将这一情况上报朝廷。他说："我受皇上任命……来到这片饱受战火摧残的地方……站在满目疮痍的昔日天府，却是增赋无策，税款难征……经过思索我觉得要重振四川天府之美名，唯有招徕移民开垦土地，重建家园。"（《明清史料·户部题本》）张德地还在奏折中提到一些移民办法。

康熙帝接连收到四川地方官的奏折，于是召集相关部门听取建议，于康熙三十三年正式颁布了《康熙三十三年招民填川诏》诏书，下令从湖南、湖北、广东等地大举向四川移民。

同时，政府还颁布了移民优惠政策。于是，两湖地区和广东、河南等省的百姓开始浩浩荡荡往四川涌去，长达数十年的"湖广填四川"移民活动由此拉开序幕。

◎文苑拾萃

《明季北略》

　　《明季北略》是一部记载明代万历至崇祯年间北方地区史实的史书，由清初计六奇（1622—？）撰写。计六奇字用宾，号天节子，别号九峰居士，江苏无锡人。

　　《明季北略》全书 24 卷，所记载内容自明万历二十三年（1595 年）清太祖努尔哈赤兴起东北，止于崇祯十七年（1644 年）吴三桂引清兵入关。采用分年纪事，对于崇祯时期的记录尤其详细，对李自成入京后的史事，几乎按日记述。记录每年的资料中，又以纪事本末体逐事标立名目，内容大多涉及晚明的农民战争、阶级矛盾、民族关系等，取材广泛，记事有序，清晰明了。

　　此书因成于康熙初年，上距明朝亡国不久，故史事大多无误。但也有一些传闻、迷信等类不实之处，因而在清初文禁时期被列入禁毁之列，所以未能印刷出版。

　　嘉庆、道光年间，在北京琉璃厂半松居士木活字本刊行有刊载，但已有大部改动，不是计六奇所著原本；又有图书集成局的石印本、商务印书馆铅印本等面世，内容与半松居士本雷同。

　　后来，在杭州、常熟一带发现清初抄本，较通行本多 40 余篇，经标点整理后由中华书局于 1984 年出版。

鲁迅善于反省自己

◎君子改过，小人饰非；改过终悟，饰非终迷。——宋·邵雍

> 鲁迅（1881—1936年），字豫才。原名樟寿，字豫山、豫亭。以笔名鲁迅闻名于世。浙江绍兴人，20世纪中国重要作家，新文化运动的领导人、左翼文化运动的支持者。中华人民共和国的评价为现代文学家、思想家、革命家。鲁迅的作品包括杂文、短篇小说、评论、散文、翻译作品，对于五四运动以后的中国文学产生了深刻的影响。

鲁迅先生严于律己，他始终在"修炼"，很多中肯的意见他是用心去听了的，鲁迅接触过弗洛伊德学说，大概也曾反省过自己，也许想要改变而不能，想要改变世人而觉得不改变自己就不能改变世人。

先生有一段时间是有些"虚无主义"的，但是，他克服了这种虚弱的病症。

他愿意做牛虻，愿意化作投枪让那些虚伪的人惴惴不安，于是才有了《狂人日记》及其后的鲁迅。

有本书叫做《被亵渎的鲁迅》，里面收录了批判鲁迅以及先生与人论战的文章，鲁迅先生除了用词上喜欢讽刺外总还想着"公正"，很多时候是连自己一块嘲讽的，但那些论敌们，常常是不择手段的。

鲁迅是一个想要有所成就的人，很小的时候就是这样。但是他遇到了许多挫折和欺侮，看到太多的险恶人心，于是，即便认为无力打破铁屋子，他

还是愤然决然地投入到这种明知无望的行动中去。

于是，那些习惯了现有生活的人，那些被刺痛敏感神经的人，一窝蜂地起来围剿先生，于是鲁迅就成了一个在论战中成长的鲁迅。

有一次，孩子们玩"蒙蒙圈"（就是把自己当做陀螺旋转，小孩子都很喜欢），有个女人在一旁帮他们数数，结果有个孩子摔倒的时候恰好有家长进来，这个女人立刻板起脸说，不让你们玩，你们偏要玩，看看，摔倒了吧！——类似的事情大家可能都遇到过，而且不止一次。

有些孩子对此好像毫无察觉，不幸的敏感而又坚持"诚实"这种德性的人却要饱受折磨。鲁迅曾在浙江两级师范学堂做化学和生理教员，有一次，做氢气燃烧实验时忘记带火柴，他提醒学生说不要乱动，万一混入空气会发生爆炸。

结果呢，等他找到火柴点火的时候，果然发生了爆炸，这时他才发现前两排的学生全都躲到教室后面去了。

一定是有捣蛋学生故意混入了空气，而整个教室竟没有人提醒老师，这就是中国人的素质。鲁迅先生痛恨的"劣根性"就是指的这些。

这些打击都不算什么，亲弟弟的背叛才最让人伤心。周作人为了自己那个经常歇斯底里的日本妻子写了一封委婉的只在最后提了一句"以后请不要再到后院来"的绝交信，鲁迅一怒之下离开了自己置办的这处院落。他没有料到，他购买的一些书籍和用具竟被日本人开车拉走许多。

也许正是因为鲁迅有种种苦恼，所以才会有陈安的痛苦。传统型的贤妇被苦恼的鲁迅抛弃，这是悲剧。我们可以责怪鲁迅，但是，换一个角度，悲剧的婚姻的解散是不该只责怪一方的。

为什么鲁迅给人不近人情的印象？因为鲁迅是那种道德感强烈而很有一些不合群的习惯的人。他在厦门大学的时候对于同事们玩留声机听梅兰芳的行为很是看不惯，大概是认为这些人不务正业吧？

在《拿来主义》一文中，他也表示过对梅兰芳代表的国粹京剧的贬抑。鲁迅对此是不满但又无可奈何的，所以禁不住出言讥讽。

◎故事感悟

反省任何一个人物，事实上都是反省我们自身，这一点毫无可疑。鲁迅先生即是一个敢于解剖自己的了不起的人。读一读他的散文《风筝》，我们很难不被那种勇于承认错误的精神所感动，我们有谁能够在长大成人后为儿时的一次对幼弟的"严酷压迫"致歉？

◎史海撷英

鲁迅的《狂人日记》

《狂人日记》是鲁迅创作的第一个短篇白话小说，也是现代中国新文学史上第一篇杰出作品，写于1918年4月，发表于《新青年》第四卷第五号，后收入鲁迅的《呐喊》集，编入《鲁迅全集》第一卷。

《狂人日记》的主题是"意在暴露家族制度和礼教的弊害"，其"弊害"在于"吃人"。鲁迅以其敏锐的观察力，对半封建半殖民地的旧中国做出的深刻观察，发出了振聋发聩的呐喊：封建主义吃人！

《狂人日记》显示了"文学革命的实绩"，它以"表现的深切和格式的特别，颇激动了一部分青年读者的心"。可以说《狂人日记》是近代中国文学史上的一座里程碑，它开创了中国新文学的革命现实主义先河。

◎文苑拾萃

风 筝

鲁迅

北京的冬季，地上还有积雪，灰黑色的秃树枝丫叉于晴朗的天空中，而远处有一二风筝在浮动，在我是一种惊异和悲伤。

　　故乡的风筝时节，是春二月，倘听到沙沙的风轮声，仰头便能看见一个淡墨色的蟹风筝或嫩蓝色的蜈蚣风筝。还有寂寞的瓦片风筝，没有风轮，又放得很低，伶仃地显出憔悴可怜的模样。但此时地上的杨柳已经发芽，早的山桃也多吐蕾，和孩子们的天上的点缀相照应，打成一片春日的温和。我现在在哪里呢？四面都还是严冬的肃杀，而久经诀别的故乡的久经逝去的春天，却就在这天空中荡漾了。

　　但我是向来不爱风筝的，不但不爱，并且嫌恶它，因为我以为这是没有出息孩子所做的玩艺。和我相反的是我的小兄弟，他那时大概十岁内外罢，多病，瘦得不堪，然而最喜欢风筝，自己买不起，我又不许放，他只得张着小嘴，呆看着空中出神，又是竟至于小半日。远处的蟹风筝突然落下来了，他惊呼；两个瓦片风筝的缠绕解开了，他高兴得跳跃。他的这些我看来都是笑柄，可鄙的。

　　有一天，我忽然想起，似乎多日不很看见他了，但记得曾见他在后园拾枯竹。我恍然大悟似的，便跑向少有人去的一间堆积杂物的小屋去，推开门，果然就在尘封的什物堆中发现了他。他向着大方凳，坐在小凳上；便很惊惶地站起来，失了色瑟缩着。大方凳旁靠着一个蝴蝶风筝的竹骨，还没有糊上纸，凳上是一对做眼睛用的小风轮，正用红纸条装饰着，将要完工了。

　　我在破获秘密的满足中，又很愤怒他的瞒了我的眼睛，这样苦心孤诣地来偷做没出息孩子的玩艺。我即刻伸手折断了蝴蝶的一只翅骨，又将风轮掷在地上，踏扁了。论长幼，论力气，他都是敌不过我的，我当然得到完全的胜利，于是傲然走出，留他绝望地站在小屋里。后来他怎样，我不知道，也没有留心。

　　然而我的惩罚终于轮到了，在我们离别得很久之后，我已经是中年。我不幸偶尔看了一本国外的讲述儿童的书，才知道游戏是儿童最正常的行为，玩具是儿童的天使。于是二十年来毫不忆及的幼小时候对于精神的虐杀的这一幕，忽地在眼前展开，而我的心也仿佛同时变了铅块，很重地坠下去了。

　　但心又不竟坠下去而至于断绝，它只是很重很重地坠着，坠着。

　　我也知道补过的方法的：送他风筝，赞成他放，劝他放，我和他一同放。我们嚷着，跑着，笑着——然而他其时已经和我一样，早已有了胡子了。

　　我也知道还有一个补过的方法的：去讨他的宽恕，等他说，"我可是毫不怪你呵。"那么，我的心一定就轻松了，这确是一个可行的方法。有一回，我们会面的时候，是脸上都已添刻了许多"生"字的辛苦的条纹，而我的心很沉重。我们渐渐谈起儿时的旧事来，我便叙述到这一节，自说少年时代的糊涂。"我可是毫不怪你呵。"我想，他要说了，我即刻便受了宽恕，我的心从此也宽松了罢。

"有过这样的事么？"他惊异地笑着说，就像旁听别人的故事一样。他什么也不记得了。

全然忘却，毫无怨恨，又有什么宽恕可言呢？无怨的恕，说谎罢了。

我还能希求什么呢？我的心只得沉重着。

现在，故乡的春天又在这异地的空中了，既给我久经逝去的儿时的回忆，而一并也带着无可把握的悲哀。我倒不如躲到肃杀的严冬中去罢，——但是，四面又明明是严冬，正给我非常的寒威和冷气。

一九二五年一月二十四日